Seneca

Epistulae morales
ad Lucilium

Liber XIV
Epistulae LXXXIX-XCII

Latein/Deutsch

Michael Weischede

Herstellung und Verlag:

BoD - Books on Demand, Norderstedt

ISBN 9783757811105

Bibliografische Information der Deutschen Nationalbibliothek

Die Deutsche Nationalbibliothek verzeichnet diese Publikation in der
Deutschen Nationalbibliografie; detaillierte bibliografische Daten sind im
Internet über http://dnb.dnb.de abrufbar.

Vorwort

Senecas Briefe an seinen Freund Lucilius gehören zu den wenigen Texten der lateinischen Literatur, die auch nach dem Zusammenbruch des Römischen Reiches nicht in Vergessenheit gerieten. Während die meisten Publikationen der Antike erst in der Renaissance „wiedergeboren" wurden, fanden die Epistulae morales ad Lucilium bis in unsere Zeit hinein durchgängig eine interessierte Leserschaft. Aus diesem Grund herrscht auch heute kein Mangel an Übersetzungen der Briefe. Es erschien mir deshalb wenig sinnvoll, eine weitere hinzuzufügen, ohne einen gesonderten Schwerpunkt zu setzen. Ich habe mich deshalb ganz bewusst für ein möglichst text- und wortgetreues Vorgehen entschieden und mich dabei weitestgehend an die Wortvorschläge der gängigen Lexika gehalten (Georges, PONS, Stowasser, Langenscheidt usw.). Vor allem Schülern sollte es auf diese Weise leichter fallen, die Übersetzung aus dem Lateinischen nachzuvollziehen und bei Bedarf mit ihren eigenen Bemühungen zu vergleichen.

Der lateinische Textteil stammt aus verschiedenen Internetquellen, wobei das Augenmerk auf der Gemeinfreiheit lag. Er ist also nicht editiert, und ich habe mir zudem erlaubt, ihn hier und da an meine stilistischen Vorlieben anzupassen. Für ein ernsthaftes wissenschaftliches Arbeiten ist er folglich nicht geeignet.

Soweit mir meine Motivation für dieses Projekt nicht abhanden kommt, werde ich nach und nach alle 20 Bücher mit den Briefen an Lucilius übersetzen und veröffentlichen. Bei meiner eher gemächlichen Arbeitsweise kann das allerdings einige Zeit dauern ...

Dortmund im Mai 2023

Liber XIV – Epistula LXXXIX

Seneca Lucilio suo Salutem,

(1) Rem utilem desideras et ad sapientiam properanti necessariam, dividi philosophiam et ingens corpus eius in membra disponi; facilius enim per partes in cognitionem totius adducimur. Utinam quidem quemadmodum universa mundi facies in conspectum venit, ita philosophia tota nobis posset occurrere, simillimum mundo spectaculum! Profecto enim omnes mortales in admirationem sui raperet, relictis iis quae nunc magna magnorum ignorantia credimus. Sed quia contingere hoc non potest, est sic nobis aspicienda quemadmodum mundi secreta cernuntur.

(2) Sapientis quidem animus totam molem eius amplectitur nec minus illam velociter obit quam caelum acies nostra; nobis autem, quibus perrumpenda caligo est et quorum visus in proximo deficit, singula quaeque ostendi facilius possunt, universi nondum capacibus. Faciam ergo quod exigis et philosophiam in partes, non in frusta dividam. Dividi enim illam, non concidi, utile est; nam conprehendere quemadmodum maxima ita minima difficile est.

(3) Discribitur in tribus populus, in centurias exercitus; quidquid in maius crevit facilius agnoscitur si discessit in partes, quas, ut dixi, innumerabiles esse et parvulas non oportet. Idem enim vitii habet nimia quod nulla divisio: simile confuso est quidquid usque in pulverem sectum est.

Buch 14 – Brief 89

Seneca grüßt seinen Lucilius,

(1) Du verlangst etwas Nützliches und zugleich etwas, das rasch zur notwendigen Weisheit voranschreitet: dass die Philosophie unterteilt und ihr gewaltiges Ganzes in Teilstücken bereitgestellt wird; denn leichter lassen wir uns durch Teile des Ganzen an die Erkenntnis heranführen. Ja, wenn uns doch nur die Philosophie so als Ganzes vor Augen treten könnte, wie alle Erscheinungen der Welt sichtbar werden – ein Schauspiel dem Weltall ähnlich! Sicherlich würde sie alle Sterblichen, nach Zurücklassen von dem, was wir heutzutage aus Unkenntnis des Bedeutenden für bedeutend halten, schnell zu ihrer Bewunderung verleiten. Aber weil dies nicht gelingen kann, muss sie von uns auf eine Weise betrachtet werden, wie sich die Dinge der Welt zeigen, nachdem sie aufgetrennt worden sind.

(2) Gewiss, der Geist des Weisen nimmt deren ganze Masse auf und nicht weniger rasch betrachtet er sie wie unsere Augen den Himmel; uns jedoch, die wir die Finsternis durchdringen müssen und deren Sehkraft nach kurzer Entfernung abnimmt, können die einzelnen Dinge leichter jedes für sich gezeigt werden, weil wir dem Ganzen noch nicht gewachsen sind. Ich werde also tun, worum du bittest und die Philosophie in Teilstücke, nicht in Stückchen auftrennen. Denn es ist förderlich sie aufzuteilen, nicht sie zu zerhacken; wie sehr Großes nämlich so ist [auch] sehr Kleines schwierig zu erfassen.

(3) Das Volk wird in drei Bezirke eingeteilt, das Heer in Hundertschaften. Was auch immer zu Größe angewachsen ist, wird leichter erkannt, wenn es in Teile sich auftrennt, die wie ich sagte, nicht unzählig und nicht sehr klein sein dürfen. Eine allzu große Aufteilung nämlich besitzt dieselben schlechten Eigenschaften wie keine: alles, was ganz und gar zu Staub zerstoßen wurde, ähnelt dem, das zusammengeschüttet wurde.

(4) Primum itaque, si [ut] videtur tibi, dicam inter sapientiam et philosophiam quid intersit. Sapientia perfectum bonum est mentis humanae; philosophia sapientiae amor est et adfectatio: haec eo tendit quo illa pervenit. Philosophia unde dicta sit apparet; ipso enim nomine fatetur quid amet.

(5) Sapientiam quidam ita finierunt ut dicerent divinorum et humanorum scientiam; quidam ita: sapientia est nosse divina et humana et horum causas. Supervacua mihi haec videtur adiectio, quia causae divinorum humanorumque pars divinorum sunt. Philosophiam quoque fuerunt qui aliter atque aliter finirent: alii studium illam virtutis esse dixerunt, alii studium corrigendae mentis; a quibusdam dicta est adpetitio rectae rationis.

(6) Illud quasi constitit, aliquid inter philosophiam et sapientiam interesse; neque enim fieri potest ut idem sit quod adfectatur et quod adfectat. Quomodo multum inter avaritiam et pecuniam interest, cum illa cupiat, haec concupiscatur, sic inter philosophiam et sapientiam. Haec enim illius effectus ac praemium est; illa venit, ad hanc itur.

(7) Sapientia est quam Graeci sophian vocant. Hoc verbo Romani quoque utebantur, sicut philosophia nunc quoque utuntur; quod et togatae tibi antiquae probabunt et inscriptus Dosenni monumento titulus: *'Hospes resiste et sophian Dossenni lege.'*

(4) Daher werde ich, wenn es dir beliebt, zuerst erklären, worin der Unterschied zwischen der Weisheit und der Philosophie besteht. Die Weisheit ist das vollkommene Gut des menschlichen Geistes, die Philosophie ist die Sehnsucht und das Trachten nach Weisheit: sie strebt dorthin, wohin erstere [bereits] gelangt ist. Es ist offensichtlich, woher die Philosophie ihre Bezeichnung hat; denn schon der Name gibt zu erkennen, was sie liebt.

(5) Manche hatten die Weisheit auf eine Weise bestimmt, dass sie sie als die Wissenschaft des Göttlichen und Menschlichen benannten; manche folgendermaßen: Weisheit beruht darauf, die göttlichen und menschlichen Dinge sowie deren Ursachen zu untersuchen. Dieser Zusatz erscheint mir überflüssig, weil die Ursachen des Göttlichen und Menschlichen Teil des Göttlichen sind. Auch diejenigen gab es, welche die Philosophie mal so und mal so definierten: die einen behaupteten, sie sei das Bemühen um Tugendhaftigkeit, die anderen, sie sei das Bestreben, den Charakter zu bessern; von manchen ist sie als das Streben nach der richtigen Denkart bezeichnet worden.

(6) So viel war gleichwie bekannt, dass es irgendeinen Unterschied zwischen der Philosophie und der Weisheit gibt; und in der Tat ist es unmöglich, dass das, was angestrebt wird, und das, was anstrebt, dasselbe sind. So wie ein großer Unterschied zwischen Habgier und Vermögen besteht, weil ersteres begehrt, letzteres begehrt wird, so [auch] zwischen der Philosophie und der Weisheit. Letztere ist nämlich Erfolg und Lohn der ersteren; jene nähert sich, dieser rückt man entgegen.

(7) Weisheit ist das, was die Griechen σοφία nennen. Diese Bezeichnung haben auch die Römer verwendet, so wie sie [das Wort] ‚Philosophie‘ auch heute gebrauchen; das werden dir sowohl die alten Togata als auch die auf dem Grabmal des Dossennus angebrachte Inschrift beweisen: *„Halte ein Fremder und studiere die Weisheit des Dossennus."*

(8) Quidam ex nostris, quamvis philosophia studium virtutis esset et haec peteretur, illa peteret, tamen non putaverunt illas distrahi posse; nam nec philosophia sine virtute est nec sine philosophia virtus. Philosophia studium virtutis est, sed per ipsam virtutem; nec virtus autem esse sine studio sui potest nec virtutis studium sine ipsa. Non enim quemadmodum in iis qui aliquid ex distanti loco ferire conantur alibi est qui petit, alibi quod petitur; nec quemadmodum itinera quae ad urbes perducunt <extra urbes sunt, sic viae ad virtutem> extra ipsam: ad virtutem venitur per ipsam, cohaerent inter se philosophia virtusque.

(9) Philosophiae tres partes esse dixerunt et maximi et plurimi auctores: moralem, naturalem, rationalem. Prima componit animum; secunda rerum naturam scrutatur; tertia proprietates verborum exigit et structuram et argumentationes, ne pro vero falsa subrepant. Ceterum inventi sunt et qui in pauciora philosophiam et qui in plura diducerent.

(10) Quidam ex Peripateticis quartam partem adiecerunt civilem, quia propriam quandam exercitationem desideret et circa aliam materiam occupata sit; quidam adiecerunt his partem quam oikonomiken vocant, administrandae familiaris rei scientiam; quidam et de generibus vitae locum separaverunt. Nihil autem horum non in illa parte morali reperietur.

(8) Einige der Unsrigen waren, obgleich die Philosophie das Bemühen um sittliche Vollkommenheit ist und letztere erstrebt wird, erstere danach strebt, trotzdem nicht der Meinung, dass die beiden getrennt werden können; denn weder existiert die Philosophie ohne die Tugend noch die Tugend ohne die Philosophie. Die Philosophie ist ein Streben nach Tugend, aber mit Hilfe der Tugend selbst; Tugend kann jedoch weder ohne das Streben nach ihr existieren, noch das Streben nach Tugend ohne sie selbst. Es ist nämlich nicht wie bei denen, die versuchen etwas von einem entfernten Ort aus zu treffen: hier derjenige, der darauf zielt, dort derjenige, auf den gezielt wird; sondern anders als die Straßen, die in die Städte führen, außerhalb der Städte liegen, befinden sich die Wege zur Tugend nicht außerhalb ihrer selbst: zur Tugend gelangt man [nur] durch sie selbst, Philosophie und Tugend sind eng miteinander verbunden.

(9) Sowohl die bedeutendsten als auch die meisten Autoren behaupten, dass die Philosophie drei Teilgebiete hat: die Ethik, die Naturphilosophie [und] die Logik. Die erste formt den Charakter, die zweite erforscht die Natur; die dritte untersucht die Eigentümlichkeiten sowie den Aufbau und die Beweisführung von Aussagen, damit sich anstelle des Wahren keine Irrtümer einschleichen. Davon abgesehen haben sich sowohl welche gefunden, die die Philosophie in weniger als auch in mehr [Teilgebiete] aufgetrennt haben.

(10) Einige von den Peripatetikern haben ein viertes Teilgebiet hinzugefügt, die Politik, weil sie nach einer ganz speziellen Geübtheit verlange und sich mit einem anderen Gegenstand beschäftige; andere haben diesem ein Teilgebiet hinzugefügt, das sie οικονο ική nennen, die Wissenschaft von der Verwaltung von Haus und Vermögen; wieder andere haben einen Abschnitt über die Art und Weisen der Lebensführung abgesondert. Aber dies alles wird man in dem genannten Teilgebiet der Ethik wiederfinden.

(11) Epicurei duas partes philosophiae putaverunt esse, naturalem atque moralem: rationalem removerunt. Deinde cum ipsis rebus cogerentur ambigua secernere, falsa sub specie veri latentia coarguere, ipsi quoque locum quem 'de iudicio et regula' appellant – alio nomine rationalem – induxerunt, sed eum accessionem esse naturalis partis existimant.

(12) Cyrenaici naturalia cum rationalibus sustulerunt et contenti fuerunt moralibus, sed hi quoque quae removent aliter inducunt; in quinque enim partes moralia dividunt, ut una sit de fugiendis et petendis, altera de adfectibus, tertia de actionibus, quarta de causis, quinta de argumentis. Causae rerum ex naturali parte sunt, argumenta ex rationali.

(13) Ariston Chius non tantum supervacuas esse dixit naturalem et rationalem sed etiam contrarias; moralem quoque, quam solam reliquerat, circumcidit. Nam eum locum qui monitiones continet sustulit et paedagogi esse dixit, non philosophi, tamquam quidquam aliud sit sapiens quam generis humani paedagogus.

(11) Die Epikureer dachten, dass es zwei Teilgebiete der Philosophie gibt, die Naturphilosophie und die Ethik: die Logik haben sie ausgeschlossen. Dann, als sie durch die Wirklichkeit selbst gezwungen wurden, Zweifelhaftes zu verwerfen [und] die Irrtümer aufzudecken, die unter dem Anschein des Wahren verborgen liegen, haben sie von sich aus ein Thema eingeführt, das sie „über das Urteil und die Ordnung" nennen – ein anderer Name für die Logik –, meinen jedoch, es sei ein Zusatz zur Naturphilosophie.

(12) Die Kyrenaiker haben die Naturphilosophie zusammen mit der Logik abgeschafft und sich auf die Ethik beschränkt, aber auch sie führen das, was sie ausschließen, auf andere Weise wieder ein; sie gliedern die Ethik nämlich in fünf Teilgebiete, so dass es eins gibt über das, was man meiden und was man erstreben muss, ein weiteres über Affekte, ein drittes über Handlungen, ein viertes über Ursachen, [und] ein fünftes über Schlussfolgerungen. Die Ursachen der Dinge gehören zum Teilgebiet der Naturphilosophie, die Schlussfolgerungen zur Logik.

(13) Ariston von Chios behauptete, dass die Naturphilosophie und die Logik nicht nur überflüssig sind, sondern sogar gegensätzlich [zueinander]; auch die Ethik, die allein er übrig gelassen hatte, schränkte er ein. Denn den Bereich, der Ermahnungen enthält, hat er aufgehoben und als die Aufgabe eines Erziehers bestimmt, nicht [als die] eines Philosophen; als ob ein Weiser irgendetwas anderes sei als ein Erzieher der Menschheit.

(14) Ergo cum tripertita sit philosophia, moralem eius partem primum incipiamus disponere. Quam in tria rursus dividi placuit, ut prima esset inspectio suum cuique distribuens et aestimans quanto quidque dignum sit, maxime utilis – quid enim est tam necessarium quam pretia rebus inponere? – secunda de impetu, de actionibus tertia. Primum enim est ut quanti quidque sit iudices, secundum ut impetum ad illa capias ordinatum temperatumque, tertium ut inter impetum tuum actionemque conveniat, ut in omnibus istis tibi ipse consentias.

(15) Quidquid ex tribus defuit turbat et cetera. Quid enim prodest inter <se> aestimata habere omnia, si sis in impetu nimius? Quid prodest impetus repressisse et habere cupiditates in sua potestate, si in ipsa rerum actione tempora ignores nec scias quando quidque et ubi et quemadmodum agi debeat? Aliud est enim dignitates et pretia rerum nosse, aliud articulos, aliud impetus refrenare et ad agenda ire, non ruere. Tunc ergo vita concors sibi est ubi actio non destituit impetum, impetus ex dignitate rei cuiusque concipitur, proinde remissus <aut> acrior prout illa digna est peti.

(14) Da die Philosophie also dreiteilig ist, sollten wir beginnen, zuerst deren Teilgebiet Ethik geordnet darzustellen. Man beschloss, dieses erneut dreizuteilen, so dass ein erstes in der überaus nützlichen Überlegung bestand, jedem das Seine zuzuteilen und einzuschätzen, wie viel jede einzelne [Sache] wert ist – denn was ist so notwendig, wie den Wert von Dingen zu bestimmen? – ein zweites, dass vom Trieb handelt, ein drittes von den Handlungen. Das erste nämlich ist [erforderlich], um zu beurteilen, wie viel jede Sache an sich wert ist, das zweite, um ein geordnetes und maßvolles Verlangen ihnen gegenüber zu gewinnen, das dritte, um Verlangen und Handlung miteinander in Einklang zu bringen, so dass man sich bei all diesen selbst treu bleibt.

(15) Welches auch immer von den dreien fehlt, bringt auch die übrigen in Unordnung. Denn was nützt es, alles miteinander abgewägt zu haben, wenn man in seinem Verlangen jedes Maß überschreitet? Was nützt es, das Verlangen bezähmt zu haben und die Leidenschaften unter Kontrolle zu halten, wenn man beim Handeln selbst die für die Taten günstigen Augenblicke nicht kennt und auch nicht weiß, wann und wo und auf welche Weise jede einzelne ausgeführt werden muss? Es ist nämlich das eine, den Rang und den Wert der Dinge, das andere die entscheidenden Zeitpunkte zu kennen, noch ein anderes, das Verlangen zu zügeln und zur Tat zu schreiten, nicht sich hineinzustürzen. Das Leben ist in dem Augenblick eins mit sich selbst, wenn die Handlung das Verlangen nicht zurücklässt, wenn man das Verlangen entsprechend dem Wert ein jeder Sache aufkommen lässt, also sanft oder lebhafter in dem Maße sie es wert ist, angestrebt zu werden.

(16) Naturalis pars philosophiae in duo scinditur, corporalia et incorporalia; utraque dividuntur in suos, ut ita dicam, gradus. Corporum locus in hos primum, in ea quae faciunt et quae ex his gignuntur – gignuntur autem elementa. Ipse <de> elementis locus, ut quidam putant, simplex est, ut quidam, in materiam et causam omnia moventem et elementa dividitur.

(17) Superest ut rationalem partem philosophiae dividam. Omnis oratio aut continua est aut inter respondentem et interrogantem discissa; hanc dialektiken, illam rhetoriken placuit vocari. Rhetorike verba curat et sensus et ordinem; dialektike in duas partes dividitur, in verba et significationes, id est in res quae dicuntur et vocabula quibus dicuntur. Ingens deinde sequitur utriusque divisio. Itaque hoc loco finem faciam et

'summa sequar fastigia rerum';

alioqui, si voluero facere partium partes, quaestionum liber fiet.

(18) Haec, Lucili virorum optime, quominus legas non deterreo, dummodo quidquid legeris ad mores statim referas. Illos conpesce, marcentia in te excita, soluta constringe, contumacia doma, cupiditates tuas publicasque quantum potes vexa; et istis dicentibus: 'Quousque eadem?', responde:

(16) Das Gebiet der Naturphilosophie spaltet sich in zwei [Bereiche] auf: in den körperhaften und den abstrakten; jeder der beiden wird sozusagen in die ihm eigentümlichen Abstufungen unterteilt. Der Bereich der körperhaften Dinge zunächst folgendermaßen: in diejenigen, die erschaffen, und in diejenigen, die von diesen erzeugt werden – erzeugt aber werden die Elemente. Der Bereich über die Elemente ist, wie einige meinen, einer für sich [allein], wie andere [meinen], wird er in Materie, [und] in eine alles bewegende Ursache und in Elemente aufgetrennt.

(17) Bleibt noch übrig, dass ich die Logik als philosophisches Teilgebiet unterteile. Jede Rede ist entweder zusammenhängend oder durch Frage und Antwort unterbrochen; man beschloss, letztere Dialektik, erstere Rhetorik zu nennen. Die Rhetorik befasst sich mit Worten, [und] Sinngehalt und Anordnung; die Dialetik wird in zwei Unterabschnitte gegliedert, in den der Worte und den der Bezeichnungen, das heißt, in die Dinge, die benannt werden, und die Ausdrücke, mit denen sie bezeichnet werden. Hierauf folgt eine überaus lange Aufzählung der einzelnen Unterabschnitte der beiden. Daher will ich an dieser Stelle Schluss machen und

„werde [nur] der Dinge höchsten Gipfel anstreben";

andernfalls wird, wenn ich wert darauf legte, Teilgebiete der Teilgebiete zu bilden, ein Katalog an Themen entstehen.

(18) Ich halte dich nicht davon ab, mein bester Lucilius, dieses zu lesen, wenn du nur alles, was du liest, sogleich auf deinen Lebenswandel beziehst. Schränke ihn ein, ermuntere, was kraftlos in dir ist, halte im Zaum, was entfesselt wurde, Eigensinniges überwinde, deinen persönlichen und den in aller Welt üblichen Leidenschaften setze zu, wie sehr du kannst; und denjenigen, die fragen: „Wie lange noch dasselbe [Gerede]", antworte:

(19) 'Ego debebam dicere: "Quousque eadem peccabitis?" Remedia ante vultis quam vitia desinere? Ego vero eo magis dicam, et quia recusatis perseverabo; tunc incipit medicina proficere ubi in corpore alienato dolorem tactus expressit. Dicam etiam invitis profutura. Aliquando aliqua ad vos non blanda vox veniat, et quia verum singuli audire non vultis, publice audite.

(20) Quousque fines possessionum propagabitis? Ager uni domino qui populum cepit angustus est? Quousque arationes vestras porrigetis, ne provinciarum quidem spatio contenti circumscribere praediorum modum? Inlustrium fluminum per privatum decursus est et amnes magni magnarumque gentium termini usque ad ostium a fonte vestri sunt. Hoc quoque parum est nisi latifundiis vestris maria cinxistis, nisi trans Hadriam et Ionium Aegaeumque vester vilicus regnat, nisi insulae, ducum domicilia magnorum, inter vilissima rerum numerantur. Quam vultis late possidete, sit fundus quod aliquando imperium vocabatur, facite vestrum quidquid potestis, dum plus sit alieni.

(19) „Ich müsste fragen: ‚Wie lange werdet ihr ebendieselben Fehler begehen?' Ihr wollt lieber von den Gegenmitteln als von den Verfehlungen ablassen? Ich werde freilich umso mehr reden, und weil ihr es zurückweist, werde ich damit fortfahren; eine Arznei beginnt dann zu wirken, wenn ihr Einfluss im abgestorbenen Körper einen Schmerz erzwungen hat. Das, was nützlich sein wird, werde ich auch gegen euren Willen vorbringen. Irgendwann einmal mag meine wenig verlockende Stimme zu euch gelangen, und weil ihr die Wahrheit nicht alleine hören wollt, hört sie vor allen Leuten.

(20) Bis wohin werdet ihr die Grenzen eurer Besitzungen noch ausdehnen? Ist ein Acker, der einem ganzen Volk Raum bot, für einen einzigen Herrn zu knapp bemessen? Wie lange werdet ihr eure Pflanzungen noch vergrößern, nicht einmal damit zufrieden, den Umfang eurer Besitzungen auf die Größe von Provinzen zu begrenzen? Der Verlauf bekannter Flüsse führt durch privaten Besitz und große Flüsse, Grenzen bedeutender Stämme zugleich, sind von der Quelle bis zur Mündung euch gehörig. Auch das ist nicht genug, wenn ihr nicht eure Latifundien vom Meer umgeben habt, wenn euer Verwalter nicht jenseits des Adriatischen, des Ionischen und des Ägäischen Meers frei schaltet und waltet, wenn nicht die Insula, Residenzen großer Heerführer, zu völlig wertlosen Dingen gezählt werden. Habt ausgedehnten Grundbesitz, wie ihr wollt, soll es ein Landgut sein, das einstmals ein Reich genannt wurde, macht zu dem Euren, was immer ihr könnt, sofern nur ein größeres Stück fremden Grund und Bodens [noch] vorhanden sein mag.

(21) Nunc vobiscum loquor quorum aeque spatiose luxuria quam illorum avaritia diffunditur. Vobis dico: quousque nullus erit lacus cui non villarum vestrarum fastigia inmineant? Nullum flumen cuius non ripas aedificia vestra praetexant? Ubicumque scatebunt aquarum calentium venae, ibi nova deversoria luxuriae excitabuntur. Ubicumque in aliquem sinum litus curvabitur, vos protinus fundamenta iacietis, nec contenti solo nisi quod manu feceritis, mare agetis introrsus. Omnibus licet locis tecta vestra resplendeant, aliubi inposita montibus in vastum terrarum marisque prospectum, aliubi ex plano in altitudinem montium educta, cum multa aedificaveritis, cum ingentia, tamen et singula corpora estis et parvola. Quid prosunt multa cubicula? In uno iacetis. Non est vestrum ubicumque non estis.

(22) Ad vos deinde transeo quorum profunda et insatiabilis gula hinc maria scrutatur, hinc terras, alia hamis, alia laqueis, alia retium variis generibus cum magno labore persequitur: nullis animalibus nisi ex fastidio pax est. Quantulum [est] ex istis epulis [quae] per tot comparatis manus fesso voluptatibus ore libatis? Quantulum ex ista fera periculose capta dominus crudus ac nauseans gustat? Quantulum ex tot conchyliis tam longe advectis per istum stomachum inexplebilem labitur? Infelices, ecquid intellegitis maiorem vos famem habere quam ventrem?'

(21) Jetzt spreche ich zu euch, deren Verschwendungssucht sich wie die Habgier jener endlos ausdehnt. Ich frage euch: wie lange noch, bis es keinen See [mehr] geben wird, über den nicht die Giebel eurer Villen emporragen? Keinen Fluss, dessen Ufer nicht eure Bauwerke säumen? Wo auch immer eine Warmwasserader hervorsprudelt, dort wird man neue Luxusherbergen bauen. Wo auch immer sich die Küste zu einer Bucht krümmt, werdet ihr unverzüglich Fundamente errichten, und, mit der Bodenfläche nur zufrieden, wenn ihr sie mit eigener Hand erschaffen habt, werdet ihr das Meer landeinwärts drängen. Mögen eure Häuser auch an allen Orten erstrahlen, hier auf den Bergen gelegen mit weitem Blick über die Länder und das Meer, dort aus der Ebene in die Erhabenheit des Gebirges hinaufgeführt: obgleich ihr vieles, obgleich ihr Gewaltiges erbaut habt, seid ihr trotzdem sowohl einzelne als auch unbedeutende Wesen. Was nützen die vielen Schlafkammern? In einer einzigen schlaft ihr. Wo ihr nicht seid, ist nicht das Eure.

(22) Alsdann gehe ich über zu euch, deren abgrundtiefer und unersättlicher Rachen hier die Meere, dort die Länder durchstöbert, den einen [Geschöpfen] mit Haken, den anderen mit Schlingen, wieder anderen mit verschiedenen Arten von Netzen mit großer Mühe nachsetzt: nur infolge eures Überdrusses leben die Tiere [zeitweilig] in Frieden. Wie wenig von diesen Speisen, die von so vielen Händen vorbereitet worden sind, berührt ihr mit eurem von sinnlichen Gelüsten erschöpften Munde? Wie wenig von diesem unter großer Gefahr erlegten Tier kostet der Herr des Hauses, der an einem verdorbenen Magen und Übelkeit leidet? Wie wenig von den so vielen Austern, die aus so großer Entfernung angeschleppt worden sind, gleitet durch diesen unersättlichen Schlund? Unglückliche, ob ihr wohl erkennt, dass euer Hunger größer ist als euer Bauch?"

(23) Haec aliis dic, ut dum dicis audias ipse, scribe, ut dum scribis legas, omnia ad mores et ad sedandam rabiem adfectuum referens. Stude, non ut plus aliquid scias, sed ut melius. Vale.

———————

(23) Sag dies zu den anderen, um es selbst zu hören, während Du es sagst, schreibe dies nieder, um es zu lesen, während Du es schreibst, und führe dann alles wieder zurück auf deinen Lebenswandel und die Besänftigung deiner zügellosen Leidenschaften. Strebe danach, nicht um mehr von irgendetwas, sondern um Nützlicheres zu wissen. Lebe wohl.

———

Liber XIV – Epistula XC

Seneca Lucilio suo Salutem,

(1) Quis dubitare, mi Lucili, potest quin deorum inmortalium munus sit quod vivimus, philosophiae quod bene vivimus? Itaque tanto plus huic nos debere quam dis quanto maius beneficium est bona vita quam vita pro certo haberetur, nisi ipsam philosophiam di tribuissent; cuius scientiam nulli dederunt, facultatem omnibus.

(2) Nam si hanc quoque bonum vulgare fecissent et prudentes nasceremur, sapientia quod in se optimum habet perdidisset, inter fortuita non esse. Nunc enim hoc in illa pretiosum atque magnificum est, quod non obvenit, quod illam sibi quisque debet, quod non ab alio petitur. Quid haberes quod in philosophia suspiceres si beneficiaria res esset?

(3) Huius opus unum est de divinis humanisque verum invenire; ab hac numquam recedit religio, pietas, iustitia et omnis alius comitatus virtutum consertarum et inter se cohaerentium. Haec docuit colere divina, humana diligere, et penes deos imperium esse, inter homines consortium. Quod aliquamdiu inviolatum mansit, antequam societatem avaritia distraxit et paupertatis causa etiam iis quos fecit locupletissimos fuit; desierunt enim omnia possidere, dum volunt propria.

Buch 14 – Brief 90

Seneca grüßt seinen Lucilius,

(1) Wer kann bezweifeln, mein Lucilius, dass es ein Geschenk der unsterblichen Götter ist, dass wir leben, eines der Philosophie, dass wir tugendhaft leben? Es würde daher für gewiss gehalten, dass wir dieser in dem Maße, in dem das sittlich gute Leben eine größere Vergünstigung ist als das [bloße] Leben mehr verpflichtet sind als den Göttern, wenn die Götter nicht auch die Philosophie gewährt hätten; deren Einsicht haben sie keinem dargereicht, die Fähigkeit dazu allen.

(2) Denn hätten sie diese zu einem für jeden zu habendes Gut gemacht, und wären wir schon einsichtsfähig geboren worden, hätte die Weisheit verloren, was sie als Bestes in sich trägt: nicht unter die zufälligen Güter zu fallen. Es ist ja nun aber dieses wertvoll und bedeutend an ihr, dass sie einem nicht zufällt, dass jeder sie sich selbst verdankt, dass sie nicht von einem anderen erbeten wird. Wie könntest du erlangen, was du an der Philosophie bewunderst, wenn es etwas wäre, das als Wohltat anzusehen ist?

(3) Ihre eine Aufgabe ist es, zur Wahrheit über die göttlichen und menschlichen Dinge zu gelangen; es zieht sich niemals die Gottesfurcht von ihr zurück, das Pflichtgefühl, die Gerechtigkeit und das ganze übrige Geleit der miteinander verknüpften und eng zusammenhängenden Tugenden. Sie hat uns gelehrt, Göttliches in Ehren, Menschliches lieb und wert zu halten, und dass die Herrschaft bei den Göttern liegt, unter den Menschen eine Gemeinschaft existiert. Eine Zeit lang dauerte dies unbeschadet an, bevor die Habsucht die Gemeinschaft zerstört hat und sie sogar für jene, die sie ungeheuer reich gemacht hat, ein Grund der Armut geworden ist; indem sie eigenes Eigentum begehrten, gaben sie nämlich auf, alles zu besitzen.

(4) Sed primi mortalium quique ex his geniti naturam incorrupti sequebantur eundem habebant et ducem et legem, commissi melioris arbitrio; natura est enim potioribus deteriora summittere. Mutis quidem gregibus aut maxima corpora praesunt aut vehementissima: non praecedit armenta degener taurus, sed qui magnitudine ac toris ceteros mares vicit; elephantorum gregem excelsissimus ducit: inter homines pro maximo est optimum. Animo itaque rector eligebatur, ideoque summa felicitas erat gentium in quibus non poterat potentior esse nisi melior; tuto enim quantum vult potest qui se nisi quod debet non putat posse.

(5) Illo ergo saeculo quod aureum perhibent penes sapientes fuisse regnum Posidonius iudicat. Hi continebant manus et infirmiorem a validioribus tuebantur, suadebant dissuadebantque et utilia atque inutilia monstrabant; horum prudentia ne quid deesset suis providebat, fortitudo pericula arcebat, beneficentia augebat ornabatque subiectos. Officium erat imperare, non regnum. Nemo quantum posset adversus eos experiebatur per quos coeperat posse, nec erat cuiquam aut animus in iniuriam aut causa, cum bene imperanti bene pareretur, nihilque rex maius minari male parentibus posset quam ut abiret e regno.

(4) Aber die ersten Menschen und ihre Nachkommen hielten sich unbestechlich an die natürliche Ordnung; zugleich besaßen sie sowohl Führer als auch Gesetz, weil sie sich dem Urteil des Tüchtigeren angeschlossen haben; denn die natürliche Ordnung beruht darauf, dass sich die Schwächeren den Überlegeneren unterordnen. Jedenfalls stehen den Tierherden entweder die größten oder die stärksten Exemplare vor: den Rinderherden schreitet nicht ein gewöhnlicher Stier voran, sondern derjenige, der die übrigen Männchen durch Größe und Muskelmasse übertrifft; der am höchsten Aufragende führt die Herde der Elefanten an: unter den Menschen ist es anstatt des größten [Mannes] der sittlich beste. Ein Herrscher wurde infolgedessen nach seinem Charakter ausgewählt, und daher befanden sich diejenigen Völker in höchst glücklicher Lage, bei denen nur der Tüchtigere der Mächtigere sein konnte; mit Sicherheit vermag zu leisten, so viel er will, nur derjenige, der sich für mächtig zu sein hält, wozu er bestimmt ist.

(5) Poseidonios war deshalb der Meinung, dass in jenem Zeitalter, das man das goldene nennt, sich die Herrschaft im Besitz der Weisen befand. Sie verhinderten Gewalttaten und beschützten die Schwächeren vor den Stärkeren, sie haben angeraten und abgeraten und auf Nützliches sowie auf Überflüssiges hingewiesen; ihre Klugheit trug Sorge dafür, dass es ihnen an nichts fehlte, ihre Tapferkeit hielt Gefahren ab, ihre Wohltätigkeit stärkte und förderte die Untertanen. Pflichterfüllung war ihnen aufgetragen, nicht Herrschaft. Niemand hat, insoweit es möglich gewesen wäre, gegen diejenigen etwas unternommen, deren Hilfe ihm das [zu tun] erst ermöglicht hatte, und weder besaß einer die Neigung noch hatte er Grund zu einer Gewalttätigkeit, weil demjenigen, der gehörig herrschte, gehörig gedient wurde, und nichts Schlimmeres hätte der König den Vorfahren androhen können, als dass er von seiner Regentschaft zurücktritt.

(6) Sed postquam subrepentibus vitiis in tyrannidem regna conversa sunt, opus esse legibus coepit, quas et ipsas inter initia tulere sapientes. Solon, qui Athenas aequo iure fundavit, inter septem fuit sapientia notos; Lycurgum si eadem aetas tulisset, sacro illi numero accessisset octavus. Zaleuci leges Charondaeque laudantur; hi non in foro nec in consultorum atrio, sed in Pythagorae tacito illo sanctoque secessu didicerunt iura quae florenti tunc Siciliae et per Italiam Graeciae ponerent.

(7) Hactenus Posidonio adsentior: artes quidem a philosophia inventas quibus in cotidiano vita utitur non concesserim, nec illi fabricae adseram gloriam. 'Illa', inquit, 'sparsos et aut casis tectos aut aliqua rupe suffossa aut exesae arboris trunco docuit tecta moliri.' Ego vero philosophiam iudico non magis excogitasse has machinationes tectorum supra tecta surgentium et urbium urbes prementium quam vivaria piscium in hoc clausa ut tempestatum periculum non adiret gula et quamvis acerrime pelago saeviente haberet luxuria portus suos in quibus distinctos piscium greges saginaret.

(6) Aber nachdem sich die Königsherrschaften aufgrund von sich einschleichenden Verfehlungen in Gewaltherrschaft gewandelt hatten, nahm die Notwendigkeit von Gesetzen ihren Anfang, und auch diese haben anfangs die Weisen eingebracht. Solon, der Athen auf Dauer die Rechtsgleichheit gesichert hatte, war einer der berühmten Sieben Weisen; wenn dieselbe Generation einen Lykurg hervorgebracht hätte, wäre er jener ehrwürdigen Schar als achter beigetreten. Man lobt die Gesetze des Zaleukos und des Charondas: [aber] nicht auf dem Forum und auch nicht im Atrium der Juristen, sondern in der stillen und ehrwürdigen Abgeschiedenheit der Schule des Pythagoras erforschten sie die Rechtsgrundsätze, die sie für das zu dem Zeitpunkt in Blüte stehende Sizilien und für die griechischen Kolonien rings um [Unter-]Italien aufstellen sollten.

(7) Bis hierher stimme ich Poseidonios zu: dass aber die Fertigkeiten, derer sich das alltägliche Leben bedient, von der Philosophie entdeckt worden sind, dem mag ich nicht beipflichten, und ich will ihr auch nicht den Ruhm des bereits erwähnten Handwerks zusprechen. „Diejenigen", sagt er, „die verstreut lebten und entweder von einem Bretterverschlag oder einem untergrabenen Fels oder dem Stamm eines ausgehöhlten Baumes geschützt wurden, hat jene gelehrt, Häuser zu bauen." Ich bin jedoch der Meinung, dass die Philosophie diese Mechanismen der über Häuser emporsteigenden Häuser und der die [Alt-]Städte übertreffenden Stadterweiterungen ebenso wenig ersonnen hat, wie die Fischbecken, die deshalb [vom Meer] abgeschnitten wurden, damit die Genusssucht nicht die Gefahr von Stürmen auf sich nehmen musste und die Schwelgerei auch bei noch so heftig tobender See geeignete Zufluchtsorte besaß, an denen sie [nach Arten] getrennte Fischschwärme mästen konnte.

(8) Quid ais? Philosophia homines docuit habere clavem et seram? Quid aliud erat avaritiae signum dare? Philosophia haec cum tanto habitantium periculo inminentia tecta suspendit? Parum enim erat fortuitis tegi et sine arte et sine difficultate naturale invenire sibi aliquod receptaculum.

(9) Mihi crede, felix illud saeculum ante architectos fuit, ante tectores. Ista nata sunt iam nascente luxuria, in quadratum tigna decidere et serra per designata currente certa manu trabem scindere;

nam primi cuneis scindebant fissile lignum.

Non enim tecta cenationi epulum recepturae parabantur, nec in hunc usum pinus aut abies deferebatur longo vehiculorum ordine vicis intrementibus, ut ex illa lacunaria auro gravia penderent.

(10) Furcae utrimque suspensae fulciebant casam; spissatis ramalibus ac fronde congesta et in proclive disposita decursus imbribus quamvis magnis erat. Sub his tectis habitavere [sed] securi: culmus liberos texit, sub marmore atque auro servitus habitat.

(8) Was sagst du [da]? Die Philosophie lehrt den Menschen Schloss und Riegel zu besitzen? Was wäre das anderes, als der Habsucht das Banner zu überlassen? Die Philosophie hat diese dicht aneinandergrenzenden Häuser, obgleich sie eine so große Gefahr für die Bewohner sind, in die Höhe getrieben? Es genügte [ihnen] jedenfalls nicht, von zufälligen Begebenheiten geschützt zu werden und sich ohne Technik und ohne Beschwerlichkeit einen natürlichen Schlupfwinkel zu verschaffen.

(9) Glaube mir, es war eine glückliche Zeit – vor den Architekten, vor den Stuckateuren. Solcherlei hat sich aufgrund des bereits entstehenden Überflusses entwickelt: das Bauholz vierkantig zu behauen und den Balken mit Hilfe dessen, was im fließenden Umriss angedeutet wurde, mit sicherer Hand zu zersägen;

denn die Altvorderen zerteilten das spaltbare Holz mit Keilen.

Die Häuser wurden nämlich nicht mit einem Speisezimmer angeschafft, um ein Ehrenmahl zu übernehmen, noch wurde zu diesem Zweck in langen Wagenreihen Fichten oder Tannenholz über die erbebenden Gassen herbeigeschafft, um jene von Gold schweren Kassettendecken darunter aufzuhängen.

(10) Stützende Gabeln auf beiden Seiten haben ein Häuschen aufrecht gehalten; verdichtetes Astwerk und Laub, das zusammengetragen und abschüssig angeordnet wurde, ließen Regen, wenn er auch noch so stark war, [an sich] herabrinnen. Unter diesen Dächern haben sie ohne Sorgen gelebt: den Freien schützte ein Strohdach, unter Marmor und Gold war die Knechtschaft zu Hause.

(11) In illo quoque dissentio a Posidonio, quod ferramenta fabrilia excogitata a sapientibus viris iudicat; isto enim modo dicat licet sapientes fuisse per quos

tunc laqueis captare feras et fallere visco
inventum et magnos canibus circumdare saltus.

Omnia enim ista sagacitas hominum, non sapientia invenit.

(12) In hoc quoque dissentio, sapientes fuisse qui ferri metalla et aeris invenerint, cum incendio silvarum adusta tellus in summo venas iacentis liquefacta fudisset: ista tales inveniunt quales colunt.

(13) Ne illa quidem tam subtilis mihi quaestio videtur quam Posidonio, utrum malleus in usu esse prius an forcipes coeperint. Utraque invenit aliquis excitati ingenii, acuti, non magni nec elati, et quidquid aliud corpore incurvato et animo humum spectante quaerendum est. Sapiens facilis victu fuit. Quidni? Cum hoc quoque saeculo esse quam expeditissimus cupiat.

(11) Auch darin bin ich mit Poseidonios uneins, dass er der Meinung ist, die eisernen Werkzeuge der Handwerker seien von philosophisch gebildeten Männern erfunden worden; auf gleiche Weise könnte man auch sagen, dass es Weise waren, von denen,

damals ersonnen wurde,
wilde Tiere mit Fallen zu fangen und mit einem Köder zu täuschen,
und auch mit Hunden große Waldtäler zu umstellen.

All das nämlich hat sich der menschliche Scharfsinn ausgedacht – nicht die Weisheit.

(12) Ebenfalls widerspreche ich ihm darin, dass es die Weisen waren, die Eisen- und Kupfergruben entdeckt haben, nachdem die durch Waldbrände erhitzte Erde zu oberst einlagernde Metalladern in geschmolzener Form hatte ausströmen lassen: diese Dinge finden solche, die Feldbau betreiben.

(13) Nicht einmal die Frage, ob Hammer oder Zangen zuerst in Gebrauch waren, zeigt sich mir so genau bestimmt wie Poseidonios. Beides, und auch alles andere, das man mit gebeugtem Körper und prüfendem Verstand auf dem Boden untersuchen muss, hat irgendein aufgeweckter Geist entdeckt – scharfsinnig, nicht bedeutend und auch nicht ehrgeizig. Der Weise lebte ohne Mühsal. Warum auch nicht? Wo er [doch] auch in unserer Generation möglichst unbehindert sein will.

(14) Quomodo, oro te, convenit ut et Diogenen mireris et Daedalum? Uter ex his sapiens tibi videtur? Qui serram commentus est, an ille qui, cum vidisset puerum cava manu bibentem aquam, fregit protinus exemptum e perula calicem <cum> hac obiurgatione sui: 'Quamdiu homo stultus supervacuas sarcinas habui!', qui se conplicuit in dolio et in eo cubitavit?

(15) Hodie utrum tandem sapientiorem putas qui invenit quemadmodum in immensam altitudinem crocum latentibus fistulis exprimat, qui euripos subito aquarum impetu implet aut siccat et versatilia cenationum laquearia ita coagmentat ut subinde alia facies atque alia succedat et totiens tecta quotiens fericula mutentur, an eum qui et aliis et sibi hoc monstrat, quam nihil nobis natura durum ac difficile imperaverit, posse nos habitare sine marmorario ac fabro, posse nos vestitos esse sine commercio sericorum, posse nos habere usibus nostris necessaria si contenti fuerimus iis quae terra posuit in summo? Quem si audire humanum genus voluerit, tam supervacuum sciet sibi cocum esse quam militem.

(14) Ich bitte dich: wie passt es zusammen, dass du sowohl Diogenes als auch Daedalus bewunderst? Welcher von diesen beiden erscheint dir als ein Weiser? Derjenige, der sich die Säge ausgedacht hat, oder jener, der, als er einen Jungen aus der hohlen Hand hat Wasser trinken sehen, sofort seinen Becher aus dem Rucksack holte und ihn dann mit folgendem Verweis an sich selbst zerbrochen hat: „Wie lange hatte ich dummer Mensch überflüssiges Gepäck im Besitz!", der sich in einem Fass zusammengekauert hat und in diesem zu schlafen pflegte.

(15) Welchen hältst du schließlich heute für weiser, denjenigen, der entdeckte, wie er Safranwasser durch Leitungsrohre in ungeheure Höhe emportreiben kann, der Kanäle mit der nach vorne drängenden Gewalt des Wasser plötzlich anfüllt oder trockenlegt und der die beweglichen Felderdecken der Speisezimmer so zusammenfügt, dass von Zeit zu Zeit verschiedene Formen auseinander hervorgehen und die Zimmerdecken sooft sich wandeln wie die Gerichte, oder denjenigen, der anderen und sich selbst ein dieses zeigt: wie wenig Mühsames und Schwieriges uns die Natur auferlegt, dass wir ohne Steinmetz und Künstler wohnen können, dass wir uns ohne den Seidenhandel kleiden können, dass wir die für unsere Bedürfnisse notwendigen Dinge besitzen können, sofern wir mit dem zufrieden sind, was die Erde auf ihrer Oberfläche bereitstellt? Wenn die Menschheit willens ist, auf ihn zu hören, so wird sie einsehen, dass ein Koch ebenso überflüssig für sie ist wie ein Soldat.

(16) Illi sapientes fuerunt aut certe sapientibus similes quibus expedita erat tutela corporis. Simplici cura constant necessaria: in delicias laboratur. Non desiderabis artifices: sequere naturam. Illa noluit esse districtos; ad quaecumque nos cogebat instruxit. 'Frigus intolerabile est corpori nudo.' Quid ergo? Non pelles ferarum et aliorum animalium a frigore satis abundeque defendere queunt? Non corticibus arborum pleraeque gentes tegunt corpora? Non avium plumae in usum vestis conseruntur? Non hodieque magna Scytharum pars tergis vulpium induitur ac murum, quae tactu mollia et inpenetrabilia ventis sunt? Quid ergo? Non quilibet virgeam cratem texuerunt manu et vili obliverunt luto, deinde [de] stipula aliisque silvestribus operuere fastigium et pluviis per devexa labentibus hiemem transiere securi?

(17) 'Opus est tamen calorem solis aestivi umbra crassiore propellere.' Quid ergo? Non vetustas multa abdidit loca quae vel iniuria temporis vel alio quolibet casu excavata in specum recesserunt? Quid ergo? Non in defosso latent Syrticae gentes quibusque propter nimios solis ardores nullum tegimentum satis repellendis caloribus solidum est nisi ipsa arens humus?

(16) Jene waren Weise oder wenigstens den Weisen ähnlich, denen der Erhalt ihres Körpers leicht fiel: notwendige Dinge beruhen auf einfacher Fürsorge: für den Luxus wird sich abgemüht. Du wirst nicht nach Handwerkern verlangen: halte dich an die Natur. Sie wollte nicht, dass wir vielseitig in Anspruch genommen sind; zu was auch immer sie uns nötigte, dafür hat sie uns ausgerüstet. „Kälte ist für einen nackten Körper unerträglich." Was also? Können uns die Felle wilder Tiere und anderer Lebewesen nicht ausreichend vor der Kälte schützen? Bedecken nicht sehr viele Völker ihre Körper mit den Rinden von Bäumen? Werden nicht Vogelfedern zum Gebrauch als Kleidung zusammengeheftet? Und wird nicht ein Großteil der Skythen heute [noch] von Fuchs- und Zobelfellen eingehüllt, die sich weich anfühlen und für Winde undurchdringlich sind? Was also? Hat nicht jeder der will Flechtwerk aus Ruten von Hand errichtet und mit überall zu habendem Lehm verschmiert, dann mit Stroh und anderem aus dem Wald das Giebeldach bedeckt und, dadurch, dass der Regen durch die Neigung abgeflossen ist, den Winter sicher überstanden?

(17) „Trotzdem ist es notwendig, die Hitze der sommerlichen Sonne durch einen dichteren Schatten abzuwehren." Was also? Hat die lange Zeit, die vergangen ist, nicht viele Orte den Blicken entzogen, die, entweder durch den Unbill der Zeit oder den erstbesten anderen Zufall ausgehöhlt, zu einer Grotte geschwunden sind? Was also? Haben sich die Stämme der Regio Syrtica nicht in Gruben versteckt gehalten sowie auch diejenigen, denen wegen des allzu heißen Klimas kein Schutz zur Abwehr der Hitze dicht genug ist als der vertrocknete Erdboden selbst?

(18) Non fuit tam iniqua natura ut, cum omnibus aliis animalibus facilem actum vitae daret, homo solus non posset sine tot artibus vivere; nihil durum ab illa nobis imperatum est, nihil aegre quaerendum, ut possit vita produci. Ad parata nati sumus: nos omnia nobis difficilia facilium fastidio fecimus. Tecta tegimentaque et fomenta corporum et cibi et quae nunc ingens negotium facta sunt obvia erant et gratuita et opera levi parabilia; modus enim omnium prout necessitas erat: nos ista pretiosa, nos mira, nos magnis multisque conquirenda artibus fecimus.

(19) Sufficit ad id natura quod poscit. A natura luxuria descivit, quae cotidie se ipsa incitat et tot saeculis crescit et ingenio adiuvat vitia. Primo supervacua coepit concupiscere, inde contraria, novissime animum corpori addixit et illius deservire libidini iussit. Omnes istae artes quibus aut circitatur civitas aut strepit corpori negotium gerunt, cui omnia olim tamquam servo praestabantur, nunc tamquam domino parantur. Itaque hinc textorum, hinc fabrorum officinae sunt, hinc odores coquentium, hinc molles corporis motus docentium mollesque cantus et infractos. Recessit enim ille naturalis modus desideria ope necessaria finiens; iam rusticitatis et miseriae est velle quantum sat est.

(18) Die Natur war nicht so ungerecht, dass nur der Mensch es nicht vermochte, ohne die so vielen Fertigkeiten zu leben, während sie allen anderen Lebewesen eine leichte Lebensführung zugestand. Nichts Grausames ist uns von ihr auferlegt worden, nichts, das man mit Mühsal erwerben muss, um sein Leben fristen zu können. Für alles gerüstet sind wir geboren worden: aus Verachtung gegenüber dem Leichten haben wir uns alles schwer gemacht. Häuser und Bedeckungen, [und] Heilmittel für den Körper, [und] Nahrung und auch das, was heutzutage zu einem ungeheuren Geschäft gemacht worden ist, war zur Hand und ohne Geld und Mühe leicht zu beschaffen; denn das Maß aller Dinge entsprach ihrer Notwendigkeit: wir haben diese teuer, wir haben sie auffallend, wir haben sie zu Dingen gemacht, die mit Hilfe beträchtlicher und mannigfacher Fertigkeiten beschafft werden müssen.

(19) Für das, was sie verlangt, ist die Natur ausreichend. Von der Natur abgewendet hat sich [dagegen] die Genusssucht, die sich Tag für Tag selbst aufwiegelt, [und] die seit so vielen Menschenaltern anwächst und aufgrund von Veranlagung Verfehlungen begünstigt. Zunächst begann sie [damit], Überflüssiges zu begehren, dann Verderbliches; zuletzt hat sie den Geist dem Körper überlassen und verordnet, sich dessen Maßlosigkeit hinzugeben. All diese Künste, von denen die Stadt überall durchzogen wird oder sie mit Lärm erfüllt, betreiben das Geschäft des Körpers, dem einst alles wie einem Sklaven gewährt wurde, nun alles wie für einen Herrn erworben wird. Und so gibt es hier die Werkstätten der Weber, dort die der Schmiede, hier die der Parfümeure, dort die [Schulen] derer, die anzügliche Körperbewegungen und sanfte und mutlose Gesänge unterrichten. Jenes naturgegebene Maßhalten ist nämlich verloren gegangen, das unsere Bedürfnisse auf die unumgängliche Beihilfe beschränkt; so viel zu verlangen wie hinreichend ist, gilt nun als ein Zeichen der ländlichen Einfachheit und der Armut.

(20) Incredibil est, mi Lucili, quam facile etiam magnos viros dulcedo orationis abducat a vero. Ecce Posidonius, ut mea fert opinio, ex iis qui plurimum philosophiae contulerunt, dum vult describere primum quemadmodum alia torqueantur fila, alia ex molli solutoque ducantur, deinde quemadmodum tela suspensis ponderibus rectum stamen extendat, quemadmodum subtemen insertum, quod duritiam utrimque conprimentis tramae remolliat, spatha coire cogatur et iungi, textrini quoque artem a sapientibus dixit inventam, oblitus postea repertum hoc subtilius genus in quo

tela iugo vincta est, stamen secernit harundo,
inseritur medium radiis subtemen acutis,
quod lato paviunt insecti pectine dentes.

Quid si contigisset illi videre has nostri temporis telas, in quibus vestis nihil celatura conficitur, in qua non dico nullum corpori auxilium, sed nullum pudori est?

(21) Transit deinde ad agricolas nec minus facunde describit proscissum aratro solum et iteratum quo solutior terra facilius pateat radicibus, tunc sparsa semina et collectas manu herbas ne quid fortuitum et agreste succrescat quod necet segetem. Hoc quoque opus ait esse sapientium, tamquam non nunc quoque plurima cultores agrorum nova inveniant per quae fertilitas augeatur.

(20) Es ist unglaublich, mein Lucilius, wie leicht der Zauber der Rede auch bedeutende Männer zum Abfall vom Wahren verleitet. Sieh dir Poseidonios an, meiner Meinung nach einer von denen, die sehr viel zur Philosophie beigetragen haben; während er anfangs beschreiben wollte, wie einige Fäden verdreht, einige von den weichen und lockeren ausgezogen werden, wie anschließend der Webstuhl mittels angehängter Gewichte den Grundfaden gerade spannt, wie der eingeschossene Einschlag, der den Druck von der auf beiden Seiten zusammendrückenden Kette nehmen sollte, durch das Weberholz gezwungen wird, sich zu verdichten und zu verbinden, behauptete er [dann], dass auch die Kunst des Webens von den Weisen entdeckt wurde, übersehend, dass diese feinere [Web-]Art später erfunden wurde, bei der

das Gewebe am Querbalken befestigt ist,
der Webkamm den Kettfaden trennt, der Einschlag mitten hindurch mit
spitzen Weberschiffchen geschossen wird,
den die in den breiten Kamm eingeschnittenen Zähne festschlagen.

Was, wenn ihm zuteil geworden wäre, die Gewebe unserer Zeit zu sehen, aus denen Gewänder in der Absicht hergestellt werden, nichts zu verbergen, die keine Hilfe, ich sage nicht für den Körper, sondern keine für das Schamgefühl bieten?

(21) Daraufhin geht er zu den Bauern über und beschreibt nicht weniger redegewandt das Aufreißen des Bodens durch den Pflug und das nochmalige Pflügen, damit die aufgelockerte Erde den Wurzeln umso leichter zu Diensten stehen kann, dann das Ausstreuen der Samen und das Ausreißen des Unkrauts mit der Hand, damit nicht irgendetwas zufällig und wild wächst, was die Aussaat zugrunde richten könnte. Auch dieses sei ein Werk der Weisen, sagt er, als ob die Landarbeiter in heutiger Zeit nicht auch sehr viel Neues entdeckten, mit dem der Ertrag gesteigert werden kann.

(22) Deinde non est contentus his artibus, sed in pistrinum sapientem summittit; narrat enim quemadmodum rerum naturam imitatus panem coeperit facere. 'Receptas', inquit, 'in os fruges concurrens inter se duritia dentium frangit, et quidquid excidit ad eosdem dentes lingua refertur; tunc umore miscetur ut facilius per fauces lubricas transeat; cum pervenit in ventrem, aequali eius fervore concoquitur; tunc demum corpori accedit.

(23) Hoc aliquis secutus exemplar lapidem asperum aspero inposuit ad similitudinem dentium, quorum pars immobilis motum alterius expectat; deinde utriusque adtritu grana franguntur et saepius regeruntur donec ad minutiam frequenter trita redigantur; tum farinam aqua sparsit et adsidua tractatione perdomuit finxitque panem, quem primo cinis calidus et fervens testa percoxit, deinde furni paulatim reperti et alia genera quorum fervor serviret arbitrio.' Non multum afuit quin sutrinum quoque inventum a sapientibus diceret.

(24) Omnia ista ratio quidem, sed non recta ratio commenta est. Hominis enim, non sapientis inventa sunt, tam mehercules quam navigia quibus amnes quibusque maria transimus, aptatis ad excipiendum ventorum impetum velis et additis a tergo gubernaculis quae huc atque illuc cursum navigii torqueant. Exemplum a piscibus tractum est, qui cauda reguntur et levi eius in utrumque momento velocitatem suam flectunt.

(22) Hierauf gibt er sich mit den genannten Fertigkeiten nicht zufrieden, sondern er schickt den Weisen zur Unterstützung in die Bäckerei; er berichtet nämlich, wie er anfing, die Natur nachahmend, Brot herzustellen. „Die Härte der Zähne", sagt er, „zermahlt durch Gegeneinanderreiben das in den Mund genommene Getreide, und alles, was dem entgeht, wird von der Zunge wieder zu den Zähnen zurückgeschoben; daraufhin wird es mit Speichel vermischt, um leichter den glatten Schlund durchqueren zu können; sobald es im Magen angekommen ist, wird es durch dessen gleichmäßige Wärme verdaut; dann endlich kommt es dem Körper zugute.

(23) Irgendjemand ist diesem Beispiel nachgegangen und hat in Analogie zu den Zähnen einen rauen Stein auf den anderen gelegt, wobei der unbewegliche Teil die Bewegung des anderen erwartet; anschließend werden durch die Reibung zwischen den beiden die Körner zermahlen und mehrmals zurückgeschoben, solange bis sie durch das ununterbrochene Zermalmen gänzlich zerkleinert werden; sodann hat er das Mehl mit Wasser besprengt und durch beharrliche Bearbeitung gebändigt und zu Brot geformt, welches zunächst die heiße Asche und der glühende Stein erhitzte, später wurden nach und nach Backöfen und anderes von dieser Art erfunden, bei denen sich die Glut nach Gutdünken beherrschen ließ." Es fehlte nicht viel, [und] er hätte sogar behauptet, dass auch das Schusterhandwerk von den Weisen erfunden worden ist.

(24) All dieses hat sicherlich die Vernunft ersonnen, aber nicht eine sittlich gute Vernunft. Es sind nämlich Erfindungen eines Menschen, nicht eines Weisen, so wie, beim Herkules, die Schiffe, auf denen wir die Flüsse, [und] auf denen wir die Meere durcheilen, die mit Segeln ausgerüstet wurden, um die vorwärtsdrängenden Winde aufzunehmen, und denen am hinteren Ende Steuerruder hinzugefügt wurden, die den Kurs der Schiffe hierhin und dorthin lenken können. Das Vorbild ist von den Fischen hergeleitet, die von der hinteren Flosse gesteuert werden und die durch deren leichte beidseitige Bewegung ihre Geschwindigkeit ändern.

(25) 'Omnia', inquit, 'haec sapiens quidem invenit, sed minora quam ut ipse tractaret sordidioribus ministris dedit.' Immo non aliis excogitata ista sunt quam quibus hodieque curantur. Quaedam nostra demum prodisse memoria scimus, ut speculariorum usum perlucente testa clarum transmittentium lumen, ut suspensuras balneorum et inpressos parietibus tubos per quos circumfunderetur calor qui ima simul ac summa foveret aequaliter. Quid loquar marmora quibus templa, quibus domus fulgent? Quid lapideas moles in rotundum ac leve formatas quibus porticus et capacia populorum tecta suscipimus? Quid verborum notas quibus quamvis citata excipitur oratio et celeritatem linguae manus sequitur? Vilissimorum mancipiorum ista commenta sunt:

(26) sapientia altius sedet nec manus edocet: animorum magistra est. Vis scire quid illa eruerit, quid effecerit? Non decoros corporis motus nec varios per tubam ac tibiam cantus, quibus exceptus spiritus aut in exitu aut in transitu formatur in vocem. Non arma nec muros nec bello utilia molitur: paci favet et genus humanum ad concordiam vocat.

(25) „Das alles", sagt er, „hat zwar der Weise entdeckt, es aber, als zu unbedeutend, um es selbst nachzuverfolgen, niederen Gehilfen übertragen." Nein, im Gegenteil, diese Dinge sind von niemand anderem ersonnen worden als von denjenigen, die sich auch heute noch ein Geschäft daraus machen. Wie wir wissen, ist manches erst in unserer Zeit aufgekommen, zum Beispiel die Nutzung von Fenstern, die aufgrund einer transparenten Scheibe das helle Licht durchlassen, zum Beispiel die schwebenden Fußböden der Bäder und die in den Wänden eingelassenen Leitungsrohre, durch die ringsum Wärme zirkulieren konnte, welche zur selben Zeit die unteren und oberen Bereiche gleichmäßig erwärmt hat. Weshalb soll ich über den Marmor reden, durch den die Tempel, durch den die Paläste erstrahlen? Weshalb über die in runde und glatte Form gebrachten Blöcke aus Stein, mit denen wir die Säulengänge und die geräumigen Häuser der Bürgerschaften stützen? Weshalb über die Wortzeichen, mit denen jede noch so geschwinde Rede nachgeschrieben wird und die Hand der Geschwindigkeit der Zunge folgt? Solche Erfindungen sind Aufgabe unbedeutender Sklaven:

(26) die Weisheit sitzt an höherer Stelle und unterweist die Hand: sie ist ein Lehrmeister des Geistes. Du willst wissen, was sie ans Licht gebracht, was sie bewirkt hat? Keine gezierten Körperbewegungen und auch nicht allerlei Töne mit Hilfe von Trompete und Flöte, bei denen die aufgenommene Luft entweder beim Austritt oder beim Hindurchströmen in einen Ton verwandelt wird. Keine Waffen, [und] keine Erdwälle und auch keine [anderen] dem Krieg dienenden Dinge setzt sie ins Werk: sie begünstigt den Frieden und ruft die Menschheit zur Eintracht auf.

(27) Non est, inquam, instrumentorum ad usus necessarios opifex. Quid illi tam parvola adsignas? Artificem vides vitae. Alias quidem artes sub dominio habet; nam cui vita, illi vitae quoque ornantia serviunt: ceterum ad beatum statum tendit, illo ducit, illo vias aperit.

(28) Quae sint mala, quae videantur ostendit; vanitatem exuit mentibus, dat magnitudinem solidam, inflatam vero et ex inani speciosam reprimit, nec ignorari sinit inter magna quid intersit et tumida; totius naturae notitiam ac sui tradit. Quid sint di qualesque declarat, quid inferi, quid lares et genii, quid in secundam numinum formam animae perpetitae, ubi consistant, quid agant, quid possint, quid velint. Haec eius initiamenta sunt, per quae non municipale sacrum sed ingens deorum omnium templum, mundus ipse, reseratur, cuius vera simulacra verasque facies cernendas mentibus protulit; nam ad spectacula tam magna hebes visus est.

(29) Ad initia deinde rerum redit aeternamque rationem toti inditam et vim omnium seminum singula proprie figurantem. Tum de animo coepit inquirere, unde esset, ubi, quamdiu, in quot membra divisus. Deinde a corporibus [se] ad incorporalia transtulit veritatemque et argumenta eius excussit; post haec quemadmodum discernerentur vitae aut vocis ambigua; in utraque enim falsa veris inmixta sunt.

(27) Sie ist nicht, ich wiederhole es, Werkmeisterin von Gerätschaften für den alltäglichen Gebrauch. Warum schreibst du ihr so Unbedeutendes zu? Du erblickst eine Künstlerin des Lebens. Die anderen Künste hat sie unstreitig unter ihre Herrschaft genommen; denn wem das Leben sich fügt, dem fügen sich auch diejenigen, die das Leben ausstatten: außerdem strebt sie hin zu einem glücklichen Zustand, dorthin führt sie, dorthin eröffnet sie die Wege.

(28) Sie offenbart, was die Übel sind, [sie offenbart], was die scheinbaren Übel sind; sie beseitigt die Leere des Geistes, sie verleiht echte Größe; eine aufgeblähte und aufgrund der Leere täuschende [Größe] unterdrückt sie, und nicht wissen zu wollen, worin der Unterschied zwischen Größe und Überheblichkeit besteht, lässt sie nicht zu; sie stellt das Wissen über die ganze Natur und über sich selbst zur Verfügung. Sie erklärt, was und wie beschaffen die Götter sind, was die Bewohner der Unterwelt, was die Laren und die Schutzgeister, was die Seelen, die in geringerer Gestalt göttlicher Wesen standhaft ausgehalten haben, wo sie verweilen, was sie tun, was sie können, was sie wollen. Dies sind ihre Weihen, mit denen nicht ein kleinstädtisches Götterbild, sondern ein gewaltiger Tempel aller Gottheiten, die Welt selbst, offenbart wird, dessen wahren Bilder und wahren Erscheinungen sie unseren Seelen zum Erkennen dargeboten hat; denn für so gewaltige Schauspiele ist die Sehkraft zu schwach.

(29) Dann kommt sie zum Anfang der Dinge zurück und zu der unvergänglichen Vernunft, die dem Ganzen gegeben ist, und auf die Kraft aller Samen, die jedem Einzelnen seine charakteristische Gestalt gibt. Darauf beginnt sie, die Seele zu erforschen, woher sie stamme, wie lange, [und] in wie vielen Teilstücken sie existiere. Anschließend ist sie vom Körperlichen zum Unkörperlichen übergegangen und hat die Wahrhaftigkeit und die Argumente hierfür genau geprüft. Schließlich wurden solche Dinge wie die Zweideutigkeiten in der Lebensweise oder der Rede entschieden; in beiden ist nämlich Falsches mit Wahrem vermischt.

(30) Non abduxit, inquam, se (ut Posidonio videtur) ab istis artibus sapiens, sed ad illas omnino non venit. Nihil enim dignum inventu iudicasset quod non erat dignum perpetuo usu iudicaturus; ponenda non sumeret.

(31) 'Anacharsis', inquit, 'invenit rotam figuli, cuius circuitu vasa formantur.' Deinde quia apud Homerum invenitur figuli rota, maluit videri versus falsos esse quam fabulam. Ego nec Anacharsim auctorem huius rei fuisse contendo et, si fuit, sapiens quidem hoc invenit, sed non tamquam sapiens, sicut multa sapientes faciunt qua homines sunt, non qua sapientes. Puta velocissimum esse sapientem: cursu omnis anteibit qua velox est, non qua sapiens. Cuperem Posidonio aliquem vitrearium ostendere, qui spiritu vitrum in habitus plurimos format qui vix diligenti manu effingerentur. Haec inventa sunt postquam sapientem invenire desimus.

(32) 'Democritus', inquit, 'invenisse dicitur fornicem, ut lapidum curvatura paulatim inclinatorum medio saxo alligaretur.' Hoc dicam falsum esse; necesse est enim ante Democritum et pontes et portas fuisse, quarum fere summa curvantur.

(30) Der Weise hat sich nicht, wie es Poseidonios erscheint, von diesen Künsten getrennt, sage ich, sondern er hat sich ihnen überhaupt nicht genähert. Er hätte nämlich nichts für eine Erfindung wert gehalten, das man nicht einer dauerhaften Verwendung für wert gehalten hätte; was abgelegt werden muss, würde er nicht in die Hand nehmen.

(31) „Anacharsis", sagt er, „hat die Töpferscheibe erfunden, durch deren Drehung Gefäße geformt werden." Weil die Töpferscheibe sich [bereits] bei Homer fand, wollte er sich hierauf lieber einbilden, dass die Verse falsch sind als sein Gerede. Ich behaupte zwar nicht, dass Anacharsis der Erfinder dieser Sache war, aber wenn er es war, hat sie unstreitig ein Weiser erfunden, aber gleichsam nicht als Weiser – so wie Weise viele Dinge tun, insofern sie Menschen, nicht insofern sie Weise sind. Stell dir vor, dass ein Weiser außerordentlich schnell ist: auf der Laufbahn wird er alle übertreffen, insofern er schnell, nicht insofern er weise ist. Ich würde Poseidonios gerne einen Glasbläser zeigen wollen, der durch seinen Atem das Glas zu vielerlei äußerer Gestalt formt, die [selbst] eine achtsame Hand schwer nachbilden könnte. Solches ist erfunden worden, als wir aufgehört haben, das zu entdecken, was weise ist.

(32) „Demokrit soll den Gewölbebogen erfunden haben," behauptet er, „so dass eine Rundung von sich zugeneigten Steinen durch einen Felsblock in der Mitte gehalten wird." Das, lass dir sagen, ist nicht richtig; es muss nämlich schon vor Demokrit sowohl Brücken als auch Tore gegeben haben, deren höchste Stelle gewöhnlich einen Rundbogen aufweisen.

(33) Excidit porro vobis eundem Democritum invenisse quemadmodum ebur molliretur, quemadmodum decoctus calculus in zmaragdum converteretur, qua hodieque coctura inventi lapides <in> hoc utiles colorantur. Ista sapiens licet invenerit, non qua sapiens erat invenit; multa enim facit quae ab inprudentissimis aut aeque fieri videmus aut peritius atque exercitatius.

(34) Quid sapiens investigaverit, quid in lucem protraxerit quaeris? Primum verum naturamque, quam non ut cetera animalia oculis secutus est, tardis ad divina; deinde vitae legem, quam universa derexit, nec nosse tantum sed sequi deos docuit et accidentia non aliter excipere quam imperata. Vetuit parere opinionibus falsis et quanti quidque esset vera aestimatione perpendit; damnavit mixtas paenitentia voluptates et bona semper placitura laudavit et palam fecit felicissimum esse cui felicitate non opus est, potentissimum esse qui se habet in potestate.

(35) Non de ea philosophia loquor quae civem extra patriam posuit, extra mundum deos, quae virtutem donavit voluptati, sed <de> illa quae nullum bonum putat nisi quod honestum est, quae nec hominis nec fortunae muneribus deleniri potest, cuius hoc pretium est, non posse pretio capi. Hanc philosophiam fuisse illo rudi saeculo quo adhuc artificia deerant et ipso usu discebantur utilia non credo.

(33) Euch ist nun aber entfallen, dass eben derselbe Demokrit entdeckt hat, wie Elfenbein geschmeidig gemacht, wie abgekochte Steinchen in Smaragde verwandelt werden können, wie dafür als brauchbar befundene Steine heute noch durch Kochen gefärbt werden. Mag auch ein Weiser diese Dinge erfunden haben, er hat sie nicht erfunden, insofern er weise war; er bringt nämlich vieles hervor, das, wie wir sehen, die Unverständigsten entweder ebenso oder [sogar] geschickter und geübter fertigen.

(34) Du fragst, was der Weise erfunden, was er ins Licht getrieben hat? Zuerst die Wahrheit und die Natur, von der er sich, nicht wie die anderen Geschöpfe mit ihren fürs Göttliche trägen Augen, hat leiten lassen; dann die Bedingung des Lebens, die er in Allgemeinheit bestimmt hat, und er lehrt, die Götter nicht nur wahrzunehmen, sondern ihnen zu folgen und zufällige Ereignisse nicht anders als Befehle aufzunehmen. Er wollte sich nicht den irrigen Vorstellungen unterwerfen und hat durch aufrichtige Schätzung genau abgewägt, wie viel alles Mögliche wert ist; mit Reue gepaarte Genüsse hat er missbilligt, [und] Güter, die allezeit gefallen werden, mit Lob bedacht, und offenbar gemacht, dass am glücklichsten ist, wer Glück nicht nötig hat, dass am mächtigsten ist, wer Macht über sich selbst besitzt.

(35) Ich rede nicht von dieser Philosophie, die den Bürger für außerhalb des Vaterlands, die Götter für außerhalb der Welt angesehen, die die Tapferkeit der Leidenschaft geopfert hat, sondern über jene, die nur für ein Gut hält, was sittlich gut ist, die weder durch die Gefälligkeiten eines Menschen noch denen des Schicksals günstig gestimmt werden kann, deren Lohn darin besteht, dass sie zu keinem Preis erworben werden kann. Ich glaube nicht, dass diese Philosophie in jenem frühen Zeitalter existiert hat, in dem es noch an Kunstfertigkeiten mangelte und Brauchbares durch den Gebrauch selbst erlernt wurde.

(36) [Sicuta est] fortunata tempora, cum in medio iacerent beneficia naturae promiscue utenda, antequam avaritia atque luxuria dissociavere mortales et ad rapinam ex consortio <docuere> discurrere: non erant illi sapientes viri, etiam si faciebant facienda sapientibus.

(37) Statum quidem generis humani non alium quisquam suspexerit magis, nec si cui permittat deus terrena formare et dare gentibus mores, aliud probaverit quam quod apud illos fuisse memoratur apud quos

nulli subigebant arva coloni;
ne signare quidem aut partiri limite campum
fas erat: in medium quaerebant, ipsaque tellus
omnia liberius nullo poscente ferebat.

(38) Quid hominum illo genere felicius? In commune rerum natura fruebantur; sufficiebat illa ut parens in tutelam omnium; haec erat publicarum opum secura possessio. Quidni ego illud locupletissimum mortalium genus dixerim in quo pauperem invenire non posses? Inrupit in res optime positas avaritia et, dum seducere aliquid cupit atque in suum vertere, omnia fecit aliena et in angustum se ex inmenso redegit. Avaritia paupertatem intulit et multa concupiscendo omnia amisit.

(36) Sie folgte auf die vom Glück begünstigten Zeiten, als die Wohltaten der Natur zur gemeinschaftlichen Nutzung offen dalagen, bevor Habgier und Verschwendungssucht die Menschen entzweit und sie gelehrt haben, sich zum Raubzug aus der Gemeinschaft heraus zu zerstreuen: jene waren keine weisen Männer, auch wenn sie taten, was von Weisen zu tun ist.

(37) Ja, keinen anderen Zustand des Menschengeschlechts wird irgendjemand mehr bewundert haben; und auch, wenn ein Gott ihm erlaubte, die irdischen Dinge zu gestalten und den Völkern Sittengesetze darzureichen, würde nichts anderes seinen Beifall finden, als das, von dem erzählt wird, dass es zurzeit derjenigen der Fall war, bei denen

keine Siedler die Flure durchpflügten;
es nicht einmal erlaubt war,
ein Feld zu kennzeichnen oder es durch eine Grenzlinie abzuteilen:
sie suchten sich Gemeingut zu verschaffen, und selbst die Erde
brachte, von keinem verlangt, alles freiwillig hervor.

(38) War etwas glücklicher als jenes Menschengeschlecht? Gemeinsam erfreuten sie sich an der Natur; wie eine Mutter hat sich jene zur Erhaltung aller dargeboten; auf diesem sorgenfreien Besitz beruhte der allgemeine Reichtum. Warum sollte ich ein jenes Zeitalter der Menschen, in dem man keinen Armen finden konnte, nicht als außerordentlich reich bezeichnen? Die Habgier ist in diese bestens angelegte Welt eingedrungen und indem sie begehrte, etwas beiseitezuschaffen und in Eigenes zu wandeln, machte sie alles zu fremdem Gut und versetzte sich aus unermesslichem Raum in dürftige Enge. Die Habgier hat Armut herbeigeführt und dadurch, dass sie vieles begehrte, alles verloren.

(39) Licet itaque nunc conetur reparare quod perdidit, licet agros agris adiciat vicinum vel pretio pellens vel iniuria, licet in provinciarum spatium rura dilatet et possessionem vocet per sua longam peregrinationem: nulla nos finium propagatio eo reducet unde discessimus. Cum omnia fecerimus, multum habebimus: universum habebamus.

(40) Terra ipsa fertilior erat inlaborata et in usus populorum non diripientium larga. Quidquid natura protulerat, id non minus invenisse quam inventum monstrare alteri voluptas erat; nec ulli aut superesse poterat aut deesse: inter concordes dividebatur. Nondum valentior inposuerat infirmiori manum, nondum avarus abscondendo quod sibi iaceret alium necessariis quoque excluserat: par erat alterius ac sui cura.

(41) Arma cessabant incruentaeque humano sanguine manus odium omne in feras verterant. Illi quos aliquod nemus densum a sole protexerat, qui adversus saevitiam hiemis aut imbris vili receptaculo tuti sub fronde vivebant, placidas transigebant sine suspirio noctes. Sollicitudo nos in nostra purpura versat et acerrimis excitat stimulis: at quam mollem somnum illis dura tellus dabat!

(39) Und so mag sie nun den Versuch unternehmen, wiederherzustellen, was sie verloren hat, mag sie Acker um Acker hinzufügen, indem sie den Nachbarn entweder mit Geld oder durch eine Gewalttat vertreibt, mag sie ihre Landgüter in die Weite der Provinzen ausbreiten und sie im Verlauf ihres langen Auslandsaufenthalts als Besitz bezeichnen: keine Erweiterung der Grenzen bringt uns dorthin zurück, von wo wir uns entfernt haben. Wenn wir das alles verwirklicht haben, werden wir vieles besitzen: wir hatten [aber] alles im Besitz.

(40) Selbst die unbearbeitete Erde war fruchtbarer und für die Völker, die sie nicht ausbeuteten, freigebig im Gebrauch. Entdeckt zu haben, was auch immer die Natur hervorgebracht hatte, war nicht weniger ein Vergnügen, als diese Entdeckung einem anderen zu zeigen; und niemand konnte im Überfluss haben oder Mangel leiden: unter den einträchtigen [Menschen] wurde geteilt. Der Stärkere hatte an den Schwächeren noch nicht Hand angelegt, der Geizige, dadurch das er verbarg, was ungenutzt vor ihm lag, den anderen noch nicht von den notwendigen Bedürfnissen ausgeschlossen: dem anderen und sich selbst galt die gleiche Fürsorge.

(41) Es ruhten die Waffen und die vom menschlichen Blut unbefleckten Hände hatten alle Feindschaft gegen die wilden Tiere gerichtet. Diejenigen, die ein dichter Wald vor der Sonne verborgen hatte, die an einem überall zu findenden Zufluchtsort vor der Heftigkeit eines Sturms oder des Regens geschützt unter Laubwerk lebten, verbrachten ohne Klageseufzer die friedlichen Nächte. Sorge treibt uns unter unserer Purpurdecke umher und heftigste Unruhe schreckt uns auf: aber welch angenehmen Schlaf gewährte jenen die harte Erde!

(42) Non inpendebant caelata laquearia, sed in aperto iacentis sidera superlabebantur et, insigne spectaculum noctium, mundus in praeceps agebatur, silentio tantum opus ducens. Tam interdiu illis quam nocte patebant prospectus huius pulcherrimae domus; libebat intueri signa ex media caeli parte vergentia, rursus ex occulto alia surgentia.

(43) Quidni iuvaret vagari inter tam late sparsa miracula? At vos ad omnem tectorum pavetis sonum et inter picturas vestras, si quid increpuit, fugitis attoniti. Non habebant domos instar urbium: spiritus ac liber inter aperta perflatus et levis umbra rupis aut arboris et perlucidi fontes rivique non opere nec fistula nec ullo coacto itinere obsolefacti sed sponte currentes et prata sine arte formosa, inter haec agreste domicilium rustica politum manu – haec erat secundum naturam domus, in qua libebat habitare nec ipsam nec pro ipsa timentem: nunc magna pars nostri metus tecta sunt.

(44) Sed quamvis egregia illis vita fuerit et carens fraude, non fuere sapientes, quando hoc iam in opere maximo nomen est. Non tamen negaverim fuisse alti spiritus viros et, ut ita dicam, a dis recentes; neque enim dubium est quin meliora mundus nondum effetus ediderit. Quemadmodum autem omnibus indoles fortior fuit et ad labores paratior, ita non erant ingenia omnibus consummata. Non enim dat natura virtutem: ars est bonum fieri.

(42) Über ihnen schwebten keine kunstvoll gearbeiteten Kassettendecken, sondern die Sterne zogen über sie dahin, während sie auf freiem Feld lagen, und das All, ein nächtliches Schauspiel ohnegleichen, setzte seinen Lauf unaufhaltsam fort, in aller Stille sein großes Werk aufführend. Sowohl am Tage als auch bei Nacht standen ihnen die Aussichten auf diese herrlichste Behausung offen; es gefiel ihnen, die Sternbilder zu betrachten, die sich vom mittleren Teil des Himmelsgewölbes hinabsenken, während andere sich wieder aus dem Verborgenen erheben.

(43) Warum sollte sie es nicht erfreuen, unter den so weit ausgedehnten Wundern umherzuschweifen? Aber ihr ängstigt euch vor jedem Geräusch eurer Häuser und tretet inmitten eurer Wandgemälde in Bestürzung versetzt die Flucht an, wenn etwas geklappert hat. Sie besaßen keine Häuser groß wie Städte: Wind und ein ungehinderter Luftzug auf offenem Feld, [und] der sanfte Schatten einer Felswand oder eines Baumes und kristallklare Quellen und Bäche, weder durch Bauwerk noch durch Wasserrohre noch durch einen erzwungenen Lauf zuschanden gemacht, sondern nach eigenem Willen dahineilend, und wohlgestaltete Wiesen ohne Künstlichkeit, in deren Mitte die ländliche Behausung von roher Hand getüncht – dies war eine der Natur folgende Wohnstätte, in der es zu wohnen gefiel, ohne sich vor ihr selbst noch um sie zu fürchten.

(44) Aber obwohl sie ein vortreffliches Leben frei von Bosheit führten, waren sie keine Weisen, weil dies ja schon die Bezeichnung für das erhabenste Werk ist. Dennoch möchte ich nicht leugnen, dass sie Männer von hohem Charakter waren und, wie man so sagt, gerade von den Göttern kommend; und es besteht in der Tat kein Zweifel, dass die noch nicht erschöpfte Welt bessere Dinge hervorgebracht hat. Gleichwie jedoch alle ein kraftvolleres und besser für Anstrengungen gerüstetes Naturell besaßen, so waren die geistigen Kräfte nicht bei allen zur Vollkommenheit gebracht worden. Denn die Natur gewährt keine sittliche Vollkommenheit: tugendhaft zu werden, ist eine Kunst.

(45) Illi quidem non aurum nec argentum nec perlucidos <lapides in> ima terrarum faece quaerebant parcebantque adhuc etiam mutis animalibus: tantum aberat ut homo hominem non iratus, non timens, tantum spectaturus occideret. Nondum vestis illis erat picta, nondum texebatur aurum, adhuc nec eruebatur.

(46) Quid ergo <est>? Ignorantia rerum innocentes erant; multum autem interest utrum peccare aliquis nolit an nesciat. Deerat illis iustitia, deerat prudentia, deerat temperantia ac fortitudo. Omnibus his virtutibus habebat similia quaedam rudis vita: virtus non contingit animo nisi instituto et edocto et ad summum adsidua exercitatione perducto. Ad hoc quidem, sed sine hoc nascimur, et in optimis quoque, antequam erudias, virtutis materia, non virtus est. Vale.

_____

(45) Jedenfalls suchten jene im untersten Bodensatz der Welt weder Gold noch Silber noch Edelsteine und sie gewährten den sprachlosen Geschöpfen noch immer Schonung: weit davon entfernt, dass ein Mensch einen Menschen, nicht in Zorn geraten, sich nicht fürchtend, nur mit der Absicht zuzuschauen, getötet hätte. Ihre Kleidung war noch nicht bunt bestickt, es war noch kein Gold hineingewoben und es wurde bis dahin auch nicht danach geschürft.

(46) Was folgt daraus? Aus Unkenntnis dieser Dinge waren sie rechtschaffen; es ist jedoch ein großer Unterschied, ob jemand keinen Fehler machen will oder [keinen machen] kann. Sie besaßen keine Gerechtigkeit, sie besaßen keine Klugheit, sie besaßen keine Mäßigung und keine Tapferkeit. Für all diese Tugenden brachte das ungebildete Leben gleichsam Ähnliches mit sich: dem Geist wird keine sittliche Vollkommenheit zuteil, wenn er nicht durch Anweisung und Belehrung und beharrliches Training zum höchsten Gipfel geführt wurde. Gewiss ist dafür – werden wir doch ohne sie geboren – auch noch bei den Besten, ehe man sie ausgebildet hat, [nur] die Anlage zur sittlichen Vollkommenheit vorhanden – nicht die sittliche Vollkommenheit [selbst]. Lebe wohl.

———————

Liber XIV – Epistula XCI

Seneca Lucilio suo Salutem,

(1) Liberalis noster nunc tristis est nuntiato incendio quo Lugdunensis colonia exusta est; movere hic casus quemlibet posset, nedum hominem patriae suae amantissimum. Quae res effecit ut firmitatem animi sui quaerat, quam videlicet ad ea quae timeri posse putabat exercuit. Hoc vero tam inopinatum malum et paene inauditum non miror si sine metu fuit, cum esset sine exemplo; multas enim civitates incendium vexavit, nullam abstulit. Nam etiam ubi hostili manu in tecta ignis inmissus est, multis locis deficit, et quamvis subinde excitetur, raro tamen sic cuncta depascitur ut nihil ferro relinquat. Terrarum quoque vix umquam tam gravis et perniciosus fuit motus ut tota oppida everteret. Numquam denique tam infestum ulli exarsit incendium ut nihil alteri superesset incendio.

Buch 14 – Brief 91

Seneca grüßt seinen Lucilius,

(1) Unser [Freund] Liberalis ist gegenwärtig niedergeschlagen, weil er die Nachricht von einer Feuersbrunst erhalten hat, durch welche die Kolonie Lugdunum eingeäschert worden ist; ein solcher Schicksalsschlag könnte jeden erschüttern, umso mehr einen Menschen, der seine Heimatstadt so sehr liebt. Dieses Ereignis hat bewirkt, dass er seinen Charakter zu ergründen suchte, den er selbstverständlich gegen diejenigen Dinge ausgebildet hat, vor denen sich zu fürchten er für möglich hielt. Dass er für dieses so wahrhaft unvermutete und ganz und gar ungewöhnliche Unheil keine Besorgnis hegte, verwundert mich nicht, da es ohne Beispiel war; eine Feuersbrunst hat nämlich viele Städte heimgesucht, keine vernichtet. Denn selbst [dort,] wo das Feuer von Feindeshand auf die Dächer geschleudert worden ist, geht es an vielen Stellen aus, und obschon es wiederholt angefacht wird, verzehrt es nur selten alles auf eine Weise, dass es dem Schwert nichts übrig lässt. Auch ein Erdbeben war kaum jemals so stark und verderblich, dass es ganze Städte zerstört hat. Kurzum, niemals ist in irgendeiner [Stadt] eine so gefährliche Feuersbrunst entbrannt, dass für die nächste Feuersbrunst nichts übrig geblieben wäre.

(2) Tot pulcherrima opera, quae singula inlustrare urbes singulas possent, una nox stravit, et in tanta pace quantum ne bello quidem timeri potest accidit. Quis hoc credat? Ubique armis quiescentibus, cum toto orbe terrarum diffusa securitas sit, Lugudunum, quod ostendebatur in Gallia, quaeritur. Omnibus fortuna quos publice adflixit quod passuri erant timere permisit; nulla res magna non aliquod habuit ruinae suae spatium: in hac una nox interfuit inter urbem maximam et nullam. Denique diutius illam tibi perisse quam perit narro.

(3) Haec omnia Liberalis nostri adfectum inclinant, adversus sua firmum et erectum. Nec sine causa concussus est: inexpectata plus adgravant; novitas adicit calamitatibus pondus, nec quisquam mortalium non magis quod etiam miratus est doluit.

(4) Ideo nihil nobis inprovisum esse debet; in omnia praemittendus animus cogitandumque non quidquid solet sed quidquid potest fieri. Quid enim est quod non fortuna, cum voluit, ex florentissimo detrahat? Quod non eo magis adgrediatur et quatiat quo speciosius fulget? Quid illi arduum quidve difficile est?

(2) So viele der schönsten Kunstwerke, von denen eines allein einer einzelnen Stadt hätte Glanz verleihen können, hat eine einzige Nacht niedergeworfen, und im so tiefen Frieden hat sich ereignet, was nicht einmal im Kriege zu fürchten galt. Wer kann das glauben? Während überall die Waffen schweigen, weil sich auf der ganzen Welt eine sorglose Ruhe ausgebreitet hat, wird vergeblich nach Lugdunum gesucht, auf das in Gallien [stolz] verwiesen wurde. Das Schicksal hat allen, die es in Allgemeinheit heimgesucht hat, das, was sie künftig erleiden sollten, zu fürchten erlaubt; jede große Sache besitzt eine Zeitdauer für ihren Untergang: in diesem Fall lag eine einzige Nacht zwischen einer sehr bedeutenden und einer zugrunde gegangenen Stadt. Ja, ich berichte dir eine längere Zeit darüber, dass sie zugrunde gegangen ist, als dass sie selbst zugrunde ging.

(3) Dies alles hat den gegenüber sich selbst starken und entschlossenen Willen unseres Liberalis gebeugt. Und er ist nicht ohne Grund erschüttert: unerwartete Dinge fallen schwerer zu Last; das Ungewöhnliche fügt den Unglücksschlägen Gewicht hinzu, und umso mehr hat ein jeder Sterbliche den Schmerz empfunden, weil er sie obendrein nicht begreifen konnte.

(4) Deshalb sollte es für uns nichts Unvorhergesehenes geben; man muss den Geist bei allem vorausschicken und nicht all das bedenken, was sich gewöhnlich, sondern all das, was sich möglicherweise ereignet. Denn was gibt es, was das Schicksal, wenn es wollte, demjenigen, der an Überfluss besitzt, nicht entreißen könnte? Was würde es nicht umso eher angreifen und zerschmettern, je herrlicher es erstrahlt? Was ist für jenes mühevoll oder was mit Schwierigkeiten verbunden?

(5) Non una via semper, ne trita quidem incurrit: modo nostras in nos manus advocat, modo suis contenta viribus invenit pericula sine auctore. Nullum tempus exceptum est: in ipsis voluptatibus causae doloris oriuntur. Bellum in media pace consurgit et auxilia securitatis in metum transeunt: ex amico <fit> inimicus, hostis ex socio. In subitas tempestates hibernisque maiores agitur aestiva tranquillitas. Sine hoste patimur hostilia, et cladis causas, si alia deficiunt, nimia sibi felicitas invenit. Invadit temperantissimos morbus, validissimos pthisis, innocentissimos poena, secretissimos tumultus; eligit aliquid novi casus per quod velut oblitis vires suas ingerat.

(6) Quidquid longa series multis laboribus, multa deum indulgentia struxit, id unus dies spargit ac dissipat. Longam moram dedit malis properantibus qui diem dixit: hora momentumque temporis evertendis imperis sufficit. Esset aliquod inbecillitatis nostrae solacium rerumque nostrarum si tam tarde perirent cuncta quam fiunt: nunc incrementa lente exeunt, festinatur in damnum.

(5) Nicht immer stürmt es auf einem einzigen Pfad heran, [und] gewiss nicht auf einem ausgetretenen: bald gebraucht es unsere Hände gegen uns selbst, bald macht es, auf die eigenen Kräfte sich beschränkend, Gefahren ohne einen Urheber ausfindig. Kein Zeitpunkt ist [davon] ausgenommen: die Ursachen des Leids rühren von den Vergnügungen selbst her. Inmitten des Friedens erhebt sich der Krieg, und die Hilfstruppen der Sorglosigkeit laufen über zur Besorgnis: aus dem Freund wird ein Feind, aus dem Bundesgenossen ein Gegner. Die sommerliche Windstille schlägt um in plötzliche und in den Wintern heftige Stürme. Ohne einen Feind erleiden wir Feindseliges, und ein allzu großes Glück schafft sich die Ursachen seines Untergangs selbst, wenn andere nicht vorhanden sind. Krankheit befällt die Maßvollsten, Schwindsucht [greift] die Kräftigsten [an], Strafe [überkommt] die Schuldlosesten, Lärm [bricht über] die Abgeschiedensten [herein]; der Zufall wählt etwas Neues aus, wodurch er gleichsam denjenigen, die sie nicht beachtet hatten, seine Zwänge aufnötigen kann.

(6) Alles, was eine lange Ahnenreihe unter großen Anstrengungen, [und] dank der großen Gnade der Götter aufgebaut hat, das atomisiert und zertrümmert ein einziger Tag. Einen langen Aufschub gewährte den eilenden Übeln, wer von einem Tag sprach: eine Stunde, sogar eine Minute des Tages reichen aus, um [ganze] Reiche zu zerstören. Es wäre ein Trost für unsere Ohnmacht und überhaupt für unsere Angelegenheiten, wenn alles so langsam verloren ginge, wie es entsteht: nun kommen Zuwächse aber langsam hervor, in den Verlust eilt man hinein.

(7) Nihil privatim, nihil publice stabile est; tam hominum quam urbium fata volvuntur. Inter placidissima terror existit nihilque extra tumultuantibus causis mala unde minime expectabantur erumpunt. Quae domesticis bellis steterant regna, quae externis, inpellente nullo ruunt: quota quaeque felicitatem civitas pertulit! Cogitanda ergo sunt omnia et animus adversus ea quae possunt evenire firmandus.

(8) Exilia, tormenta [morbi], bella, naufragia meditare. Potest te patriae, potest patriam tibi casus eripere, potest te in solitudines abigere, potest hoc ipsum in quo turba suffocatur fieri solitudo. Tota ante oculos sortis humanae condicio ponatur, nec quantum frequenter evenit sed quantum plurimum potest evenire praesumamus animo, si nolumus opprimi nec illis inusitatis velut novis obstupefieri; in plenum cogitanda fortuna est.

(9) Quotiens Asiae, quotiens Achaiae urbes uno tremore ceciderunt! Quot oppida in Syria, quot in Macedonia devorata sunt! Cypron quotiens vastavit haec clades! Quotiens in se Paphus corruit! Frequenter nobis nuntiati sunt totarum urbium interitus, et nos inter quos ista frequenter nuntiantur, quota pars omnium sumus! Consurgamus itaque adversus fortuita et quidquid inciderit sciamus non esse tam magnum quam rumore iactetur.

(7) Nichts ist in persönlichen, nichts in öffentlichen Angelegenheiten von Dauer; Schicksale von Menschen wie von Städten wenden sich. Inmitten der Stille erhebt sich der Schrecken und, ganz ohne beunruhigende Ursachen, bricht das Unheil hervor, wo man es am wenigsten erwartet hat. Reiche, die sich in inneren, [und] in auswärtigen Kriegen behauptet hatten, gingen ohne Anlass zugrunde: wie wenige Städte haben ihr Glück ertragen! Deshalb muss man alles bedenken und den Geist gegen das, was geschehen kann, stärken.

(8) Verbannungen, Folterungen, Kriege, Schiffsunglücke nimm [im Geiste] vorweg. Ein Schicksalsschlag kann dich dem Vaterland, kann dir das Vaterland entreißen, kann dich in die Einsamkeit treiben – selbst da, wo man in einer Menschenmenge erstickt, kann Einsamkeit entstehen. Man halte sich im vollen Umfang das Los der menschlichen Geschicke vor Augen, und wir sollten mit dem Geist vorwegnehmen, nicht wie häufig etwas eintritt, sondern wie folgenschwer es eintreten kann, wenn wir nicht überwältigt und durch jene ungewöhnlichen gleichsam neuartigen [Geschehnisse] in Bestürzung versetzt werden wollen; wir müssen das Schicksal im Ganzen bedenken.

(9) Wie oft sind Asiens, wie oft Achaias Städte in einem einzigen Beben zusammengefallen! Wie viele Siedlungen in Syrien, wie viele in Makedonien sind verschlungen worden! Wie oft hat dieses Unheil Zypern verwüstet? Wie oft ist Paphos in sich zusammengestürzt! Der Untergang ganzer Städte ist uns oft gemeldet worden, und wir, die einander oft Nachricht über diese Dinge bringen, ein wie kleiner Teil des Gesamten sind wir! Gegen die schicksalshaften Ereignisse sollten wir uns daher erheben und verstehen, dass alles, was sich ereignen kann, nicht so gewaltig ist, wie das Gerücht es verbreitet.

(10) Civitas arsit opulenta ornamentumque provinciarum quibus et inserta erat et excepta, uni tamen inposita et huic non latissimo monti: omnium istarum civitatium quas nunc magnificas ac nobiles audis vestigia quoque tempus eradet. Non vides quemadmodum in Achaia clarissimarum urbium iam fundamenta consumpta sint nec quicquam extet ex quo appareat illas saltem fuisse?

(11) Non tantum manu facta labuntur, nec tantum humana arte atque industria posita vertit dies: iuga montium diffluunt, totae desedere regiones, operta sunt fluctibus quae procul a conspectu maris stabant; vasta vis ignium colles per quos relucebat erosit et quondam altissimos vertices, solacia navigantium ac speculas, ad humile deduxit. Ipsius naturae opera vexantur et ideo aequo animo ferre debemus urbium excidia.

(12) Casurae stant; omnis hic exitus manet, sive <ventorum> interna vis flatusque per clusa violenti pondus sub quo tenentur excusserint, sive torrentium <impetus> in abdito vastior obstantia effregerit, sive flammarum violentia conpaginem soli ruperit, sive vetustas, a qua nihil tutum est, expugnaverit minutatim, sive gravitas caeli egesserit populos et situs deserta corruperit. Enumerare omnes fatorum vias longum est. Hoc unum scio: omnia mortalium opera mortalitate damnata sunt, inter peritura vivimus.

(10) Eine Stadt ist in Brand geraten, mächtig und eine Zierde der Provinzen, mit denen sie teils verflochten war, von denen sie teils ausgenommen war, gleichwohl auf einem einzigen und auch nicht sehr großen Berg gelegen: die Spuren all dieser Städte, die du zu unserer Zeit als prächtig und ruhmvoll [zu sein] vernimmst, wird die Zeit gleichfalls auch vertilgen. Siehst du nicht, wie in Achaia sogar die Fundamente der berühmtesten Städte zerrieben worden sind und nichts sich findet, aus dem ersichtlich würde, dass sie zumindest existiert haben?

(11) Nicht nur das von Menschenhand Geschaffene verfällt, und nicht nur das, was durch menschliche Kunstfertigkeit und menschlichen Fleiß erbaut worden ist, richtet ein [einzelner] Tag zugrunde: Gebirgszüge verschwinden, ganze Landstriche, die weit weg vom Anblick des Meeres emporragten, haben sich abgesenkt, [und] sind unter Meereswogen begraben worden; die gewaltige Kraft des Feuers hat die Anhöhen zerfressen, über denen es erstrahlte, und einstmals höchste Gipfel, Hilfsmittel und Hoffnungsschimmer der Seeleute, [gänzlich] abgeflacht. Auch die Schöpfungen der Natur werden heimgesucht und daher sollten wir die Ruinen der Städte mit Gleichmut ertragen.

(12) Sie sind erbaut, um zu verfallen: allen steht dieses Schicksal bevor, sei es, dass in ihrem Inneren die Kraft der Winde und stürmische Luftströme von dem, was verstopft worden ist, die Last abschütteln, unter der sie gefangen gehalten werden, sei es, dass der ungestüme, in verborgener Tiefe allzu gewaltige Drang reißender Bäche im Weg Stehendes zerschmettert, sei es, dass die Gewalt der Flammen das Gefüge der Erde verletzt, sei es, dass das Alter, vor dem nichts sicher ist, sie nach und nach bezwingt, sei es, dass die Widrigkeit des Klimas ein Volk vertreibt und das Brachliegen das Aufgegebene zugrunde richtet. Es würde zu lange dauern, alle Wege des Verderbens anzuführen. Dieses eine weiß ich: alle Werke der Sterblichen sind zur Vergänglichkeit verurteilt, wir leben inmitten von dem, was zugrunde gehen wird.

(13) Haec ergo atque eiusmodi solacia admoveo Liberali nostro incredibili quodam patriae suae amore flagranti, quae fortasse consumpta est ut in melius excitaretur. Saepe maiori fortunae locum fecit iniuria: multa ceciderunt ut altius surgerent. Timagenes, felicitati urbis inimicus, aiebat Romae sibi incendia ob hoc unum dolori esse, quod sciret meliora surrectura quam arsissent.

(14) In hac quoque urbe veri simile est certaturos omnes ut maiora celsioraque quam amisere restituant. Sint utinam diuturna et melioribus auspiciis in aevum longius condita! Nam huic coloniae ab origine sua centensimus annus est, aetas ne homini quidem extrema. A Planco deducta in hanc frequentiam loci opportunitate convaluit: quot tamen gravissimos casus intra spatium humanae <pertulit> senectutis!

(15) Itaque formetur animus ad intellectum patientiamque sortis suae et sciat nihil inausum esse fortunae, adversus imperia illam idem habere iuris quod adversus imperantis, adversus urbes idem posse quod adversus homines. Nihil horum indignandum est: in eum intravimus mundum in quo his legibus vivitur. Placet: pare. Non placet: quacumque vis exi. Indignare si quid in te iniqui proprie constitutum est; sed si haec summos imosque necessitas alligat, in gratiam cum fato revertere, a quo omnia resolvuntur.

(13) Diese und dergleichen Trostworte bringe ich also unserem Liberalis nahe, der von einer geradezu unglaublichen Sehnsucht nach seiner Heimat geplagt ist, die möglicherweise [nur] zerstört worden ist, um sich schöner noch zu erheben. Oft hat eine Ungerechtigkeit Platz geschaffen für ein bedeutenderes Schicksal: vieles ist gefallen, um sich höher zu erheben. Timagenes, ungerecht gegenüber dem Gedeihen der Hauptstadt, sagte, die Brände in Rom bereiteten ihm aus einem einzigen Grund Kummer, weil er wisse, dass Bedeutenderes sich erheben wird, als das, was von den Flammen verzehrt worden ist.

(14) Auch in dieser [seiner] Stadt werden wahrscheinlich alle wetteifern, um Größeres und Höheres, als sie verloren haben, wieder aufzubauen. Wenn es doch länger bestehen und unter günstigeren Vorzeichen für eine längere Zeit gebaut würde! Denn diese Ansiedlung zählt 100 Jahre seit ihrer Entstehung, ein Alter, dass nicht einmal für einen Menschen als das äußerste gilt. Von Plancus gegründet, ist sie aufgrund der vorteilhaften Lage zu ihrer heutigen Bevölkerungszahl gediehen: doch wie viele äußerst schwere Schicksalsschläge hat sie innerhalb der Zeit eines Menschenalters ausgehalten!

(15) Daher sollte der Geist zum Verständnis und zum Ertragen seiner Bestimmung angeleitet werden und verstehen, dass das Schicksal nichts unversucht lässt, über die Staaten das gleiche Recht auszuüben wie über die Herrschenden, dasselbe gegen Städte zu vermögen wie gegen Menschen. Über nichts davon muss man entrüstet sein: wir sind in eine Welt eingetreten, in der nach diesen Gesetzen gelebt wird. Es gefällt dir: richte dich danach. Es gefällt dir nicht: wo nur immer du willst, verlasse sie. Ärgere dich, wenn etwas Feindseliges allein gegen dich verabredet wurde, aber wenn das erwähnte Verhängnis die Höchsten und die Niedrigsten bindet, söhne dich mit dem Schicksal aus, von dem alles wieder aufgelöst wird.

(16) Non est quod nos tumulis metiaris et his monumentis quae viam disparia praetexunt: aequat omnis cinis. Inpares nascimur, pares morimur. Idem de urbibus quod de urbium incolis dico: tam Ardea capta quam Roma est. Conditor ille iuris humani non natalibus nos nec nominum claritate distinxit, nisi dum sumus: ubi vero ad finem mortalium ventum est, 'discede', inquit, 'ambitio: omnium quae terram premunt siremps lex esto.' Ad omnia patienda pares sumus; nemo altero fragilior est, nemo in crastinum sui certior.

(17) Alexander Macedonum rex discere geometriam coeperat, infelix, sciturus quam pusilla terra esset, ex qua minimum occupaverat. Ita dico 'infelix' ob hoc quod intellegere debebat falsum se gerere cognomen: quis enim esse magnus in pusillo potest? Erant illa quae tradebantur subtilia et diligenti intentione discenda, non quae perciperet vesanus homo et trans oceanum cogitationes suas mittens. 'Facilia', inquit, 'me doce.' Cui praeceptor: 'Ista', inquit, 'omnibus eadem sunt, aeque difficilia.'

(18) Hoc puta rerum naturam dicere: 'ista de quibus quereris omnibus eadem sunt; nulli dare faciliora possum, sed quisquis volet sibi ipse illa reddet faciliora'. Quomodo? aequanimitate. Et doleas oportet et sitias et esurias et senescas (si tibi longior contigerit inter homines mora) et aegrotes et perdas aliquid et pereas.

(16) Es gibt keinen Grund, dass du uns nach den Grabmälern beurteilst und diesen Denkmälern, die, ungleich in der Art, die Straße säumen: der Tod macht alle gleich. Ungleich werden wir geboren, als Gleiche sterben wir. Dasselbe sage ich über die Städte wie über die Bewohner der Städte: sowohl Ardea als auch Rom wurden eingenommen. Nur für die Zeit, in der wir existieren, hat uns der Schöpfer des menschlichen Rechts nach Herkunft und Berühmtheit der Namen unterschieden; sobald man aber an die Grenze des menschlichen Geschicks gelangt, sagt er: „Verschwinde du Streben nach Ehre und Rang: es soll ganz dasselbe Gesetz gelten für alle, die sich auf der Erde befinden." In Hinblick auf all das, was wir erleiden müssen, sind wir gleich; niemand ist hinfälliger als ein anderer, niemand besitzt für sich eine größere Gewissheit auf einen nächsten Tag.

(17) Alexander, König der Makedonier, hatte angefangen, Geometrie zu studieren, der Unglückliche, um [so] zu erfahren, wie klein die Erde ist, von der er einen noch kleineren Teil erobert hatte. Freilich sage ich deswegen ‚der Unglückliche', weil er einsehen musste, dass er einen falschen Beinamen geführt hat: denn wer kann im Kleinen groß sein? Jene Dinge, die gelehrt wurden, waren abstrakt und [nur] mit gewissenhafter Anstrengung zu lernen, nicht solche, die ein überspannter und seine Gedanken über den Ozean treibenlassender Mensch sich aneignen kann. „Lehre mich leichtere Dinge", sagte er. Sein Lehrer entgegnete [darauf]: „Sie sind für alle dieselben, [für alle] gleich schwer."

(18) Stell dir vor, dass die Natur Folgendes vorbringt: „Die Dinge, über die du dich beschwerst, sind für alle dieselben; keinem kann ich Leichteres gewähren, aber jeder, der [danach] verlangt, wird es sich selbst zu Leichterem machen." Auf welche Weise? Durch Gelassenheit. Und es ist notwendig, Schmerz zu empfinden und zu dürsten und zu hungern und alt und grau zu werden (wenn dir ein längeres Verweilen unter den Menschen zuteil wird) und krank darniederzuliegen und etwas zu verlieren und zu sterben.

(19) Non est tamen quod istis qui te circumstrepunt credas: nihil horum malum est, nihil intolerabile aut durum. Ex consensu istis metus est. Sic mortem times quomodo famam: quid autem stultius homine verba metuente? Eleganter Demetrius noster solet dicere eodem loco sibi esse voces inperitorum quo ventre redditos crepitus. 'Quid enim', inquit, 'mea, susum isti an deorsum sonent?'

(20) Quanta dementia est vereri ne infameris ab infamibus! Quemadmodum famam extimuisti sine causa, sic et illa quae numquam timeres nisi fama iussisset. Num quid detrimenti faceret vir bonus iniquis rumoribus sparsus?

(21) Ne morti quidem hoc apud nos noceat: et haec malam opinionem habet. Nemo eorum qui illam accusat expertus est: interim temeritas est damnare quod nescias. At illud scis, quam multis utilis sit, quam multos liberet tormentis, egestate, querellis, supplicis, taedio. Non sumus in ullius potestate, cum mors in nostra potestate sit. Vale.

———

(19) Trotzdem gibt es keinen Grund, solchen zu glauben, die dich mit Zureden bestürmen: nichts von den genannten Dingen ist ein Übel, nichts unerträglich oder grausam. Ihre Furcht beruht auf einem allgemeinen Urteil. Du fürchtest den Tod wie ein Gerücht: was aber ist törichter als ein Mensch, der leeres Gerede fürchtet? Unser Demetrios pflegt geistreich zu sagen, dass die Äußerungen von Unkundigen für ihn vom selben Rang sind wie ein Knurren, das vom Magen abgegeben wurde. „Denn was interessiert es mich", sagt er, „ob sie oben oder unten tönen."

(20) Welch ein Unsinn ist es, sich zu fürchten, dass man von Verrufenen in Verruf gebracht wird! So wie du grundlos vor einem schlechten Ruf in Furcht geraten bist, so auch vor jenem, was du niemals fürchten würdest, wenn das Gerede der Leute es nicht [so] gewünscht hätte. Kann etwa ein ehrenwerter Mann irgendeinen Schaden erleiden, weil er mit gehässigen Gerüchten besudelt wurde?

(21) Nicht einmal dem Tod kann das erwähnte nach unserem Urteil zum Nachteil gereichen: auch er hat einen schlechten Ruf. Niemand von denen, die sich über ihn beklagen, hat ihn durch Erfahrung kennengelernt: einstweilen ist es ein unüberlegtes Urteil, etwas schuldig zu sprechen, was man nicht kennt. Ein dieses weiß man jedoch: wie sehr er vielen von Nutzen ist, wie viele er von Qualen, von Armut, von Wehklagen, von Bittstellern, vom Überdruss befreit. Wir stehen unter niemandes Gewalt, weil sich der Tod in unserer Gewalt befindet. Lebe wohl.

———

Liber XIV – Epistula XCII

Seneca Lucilio suo Salutem,

(1) Puto, inter me teque conveniet externa corpori adquiri, corpus in honorem animi coli, in animo esse partes ministras, per quas movemur alimurque, propter ipsum principale nobis datas. In hoc principali est aliquid inrationale, est et rationale; illud huic servit, hoc unum est quod alio non refertur sed omnia ad se refert. Nam illa quoque divina ratio omnibus praeposita est, ipsa sub nullo est; et haec autem nostra eadem est, quae ex illa est.

(2) Si de hoc inter nos convenit, sequitur ut de illo quoque conveniat, in hoc uno positam esse beatam vitam, ut in nobis ratio perfecta sit. Haec enim sola non summittit animum, stat contra fortunam; in quolibet rerum habitu ~servitus~ servat. Id autem unum bonum est quod numquam defringitur. Is est, inquam, beatus quem nulla res minorem facit; tenet summa, et ne ulli quidem nisi sibi innixus; nam qui aliquo auxilio sustinetur potest cadere. Si aliter est, incipient multum in nobis valere non nostra. Quis autem vult constare fortuna aut quis se prudens ob aliena miratur?

Buch 14 – Brief 92

Seneca grüßt seinen Lucilius,

(1) Ich denke, zwischen dir und mir herrscht Übereinstimmung, dass man für den Körper äußere Dinge erwirbt und der Körper aus Ehrfurcht vor dem Geist gepflegt wird, dass es im Geist dienende Teile gibt, dank derer wir uns bewegen und ernähren, die uns neben dem hauptsächlichen [Teil] gleichfalls überlassen sind. In diesem Hauptteil ist ein vernunftloser, ist auch ein vernünftiger [Teil] vorhanden; der erstere fügt sich dem letzteren, welcher der einzige ist, der sich nicht auf einen anderen bezieht, sondern alles auf sich selbst zurückführt. Denn auch jene göttliche Vernunft ist allem vorangestellt, untersteht selbst [aber] keinem; auch diese aber ist zugleich die unsrige, die [ja] aus jener heraus existiert.

(2) Wenn in diesem Punkt zwischen uns Einigkeit herrscht, ergibt sich daraus, dass man sich auch hierüber einigt: in dieser einen Sache ist das glückliche Leben angelegt, dass die Vernunft in uns vollkommen ausgebildet wurde. Sie allein nämlich lässt den Mut nicht sinken, steht unerschütterlich dem Schicksal entgegen; in jeder beliebigen äußeren Lage schützt sie uns [...]. Das einzige Gut ist aber dasjenige, das niemals entzogen wird. Glücklich ist derjenige, sage ich, den nichts kleinmütiger macht; er gelangt auf den Gipfel, und zwar von niemanden gestützt außer sich selbst; denn derjenige, der sich [nur] mit Hilfe aufrecht hält, kann stürzen. Wenn es anders ist, werden viele Dinge, die nicht die unseren sind, anfangen, Einfluss auf uns zu nehmen. Doch wer will auf das Schicksal bauen oder wer bewundert sich wissentlich um der fremden Dinge willen?

(3) Quid est beata vita? Securitas et perpetua tranquillitas. Hanc dabit animi magnitudo, dabit constantia bene iudicati tenax. Ad haec quomodo pervenitur? Si veritas tota perspecta est; si servatus est in rebus agendis ordo, modus, decor, innoxia voluntas ac benigna, intenta rationi nec umquam ab illa recedens, amabilis simul mirabilisque. Denique ut breviter tibi formulam scribam, talis animus esse sapientis viri debet qualis deum deceat.

(4) Quid potest desiderare is cui omnia honesta contingunt? Nam si possunt aliquid non honesta conferre ad optimum statum, in his erit beata vita sine quibus non est. Et quid turpius stultiusve quam bonum rationalis animi ex inrationalibus nectere?

(5) Quidam tamen augeri summum bonum iudicant, quia parum plenum sit fortuitis repugnantibus. Antipater quoque inter magnos sectae huius auctores aliquid se tribuere dicit externis, sed exiguum admodum. Vides autem quale sit die non esse contentum nisi aliquis igniculus adluxerit: quod potest in hac claritate solis habere scintilla momentum?

(3) Worauf beruht also ein glückliches Leben? Auf Sorgenfreiheit und einer dauerhaften Gemütsruhe. Geistesgröße wird dies gewähren, eine zähe Standhaftigkeit im rechten Urteil wird es gewähren. Wie man dorthin gelangt? Wenn man die Wahrheit voll und ganz erkannt hat; wenn im Handeln Ordnung, Maß und Anstand gewahrt bleibt, eine unschuldige und freundliche Gesinnung, die um Vernunft bemüht ist und sich niemals von ihr lossagt, liebens- und bewundernswert zugleich. Mit einem Wort, um es dir kurz als Formel aufzuschreiben: der Geist eines weisen Mannes muss so beschaffen sein, wie es für einen Gott angemessen wäre.

(4) Was kann einer vermissen, dem alle Tugenden zuteilwerden? Denn selbst wenn die nicht sittlichen Dinge irgendetwas zu einem bestmöglichen Zustand beitragen können, wird ein gutes Leben auf den Dingen beruhen, ohne die es nicht existiert. Und was ist schimpflicher und dümmer, als die Gabe eines vernünftigen Geistes an Unvernünftiges zu knüpfen?

(5) Trotzdem glauben manche, dass das höchste Gut gesteigert werden kann, weil es nicht sonderlich vollkommen sei, wenn sich ihm zufällige Ereignisse widersetzen. Auch Antipater, einer der großen Lehrer der uns beschäftigenden Schule, sagt, dass er den äußeren Dingen der Welt etwas zuschreibt, aber äußerst wenig. Siehst du aber, von welcher Art es wäre, nicht mit dem Tageslicht zufrieden zu sein, wenn dazu nicht ein kleines Flämmchen leuchten würde? Welche Bedeutung kann bei solch hellem Sonnenschein ein [einzelner] Funken haben?

(6) Si non es sola honestate contentus, necesse est aut quietem adici velis, quam Graeci aochlesian vocant, aut voluptatem. Horum alterum utcumque recipi potest; vacat enim animus molestia liber ad inspectum universi, nihilque illum avocat a contemplatione naturae. Alterum illud, voluptas, bonum pecoris est: adicimus rationali inrationale, honesto inhonestum, magno * * * vitam facit titillatio corporis?

(7) Quid ergo dubitatis dicere bene esse homini, si palato bene est? Et hunc tu, non dico inter viros numeras, sed inter homines, cuius summum bonum saporibus et coloribus et sonis constat? Excedat ex hoc animalium numero pulcherrimo ac dis secundo; mutis adgregetur animal pabulo laetum.

(8) Inrationalis pars animi duas habet partes, alteram animosam, ambitiosam, inpotentem, positam in adfectionibus, alteram humilem, languidam, voluptatibus deditam: illam effrenatam, meliorem tamen, certe fortiorem ac digniorem viro, reliquerunt, hanc necessariam beatae vitae putaverunt, enervem et abiectam.

(6) Wenn du mit der Tugend allein nicht zufrieden bist, musst du entweder wollen, dass die Zurückgezogenheit, ἀοχλησία wie die Griechen es nennen, oder die Sinneslust hinzugefügt wird. Allenfalls ersteres von den beiden kann man gutheißen; denn ein Geist, frei von Belästigungen, hat die Zeit zur Sicht aufs Ganze, und nichts lenkt ihn ab von der Betrachtung der Natur. Die letztere der beiden, die Sinneslust, ist ein Gut des Viehs: wir fügen dem Vernünftigen Unvernünftiges hinzu, dem sittlich Guten Unsittliches, macht ein Reiz des Körpers das Leben [zu etwas Bedeutendem]?

(7) Warum also zaudert ihr zu sagen, dass es einem Menschen gut geht, wenn es seinem Gaumen gut geht? Und einen solchen, dessen höchstes Gut in Gerüchen, Farben und Tönen besteht, zählst du, ich sage gar nicht, zu den Männern, sondern zu den Menschen? Entfernen sollte er sich von der vortrefflichsten und den Göttern nachstehenden Schar der Lebewesen; ein über Futter frohlockendes Geschöpf sollte sich den sprachlosen [Lebewesen] anschließen.

(8) Der unvernünftige Teil des Geistes weist zwei Seiten auf, eine leidenschaftliche, ehrgeizige, zügellose, auf Stimmungen beruhende, [und] eine kleinliche, träge, den Genüssen ausgelieferte: jene unbändige, für einen Mann gleichwohl bessere, sicherlich tatkräftigere und angemessenere, haben sie vernachlässigt, die zweite, die verweichlichte und verzagte, hielten sie für unentbehrlich für ein gutes Leben.

(9) Huic rationem servire iusserunt, et fecerunt animalis generosissimi summum bonum demissum et ignobile, praeterea mixtum portentosumque et ex diversis ac male congruentibus membris. Nam ut ait Vergilius noster in Scylla,

prima hominis facies et pulchro pectore virgo
pube tenus, postrema inmani corpore pistrix
delphinum caudas utero commissa luporum.

Huic tamen Scyllae fera animalia adiuncta sunt, horrenda, velocia: at isti sapientiam ex quibus composuere portentis?

(10) Prima pars hominis est ipsa virtus; huic committitur inutilis caro et fluida, receptandis tantum cibis habilis, ut ait Posidonius. Virtus illa divina in lubricum desinit et superioribus eius partibus venerandis atque caelestibus animal iners ac marcidum adtexitur. Illa utcumque altera quies nihil quidem ipsa praestabat animo, sed inpedimenta removebat: voluptas ultro dissolvit et omne robur emollit. Quae invenietur tam discors inter se iunctura corporum? Fortissimae rei inertissima adstruitur, severissimae parum seria, sanctissimae intemperans usque ad incesta.

(9) Diesem zu dienen, haben sie der Vernunft befohlen, und das höchste Gut des edelsten Lebewesens machten sie verzagt und gewöhnlich, ein missgestaltetes Gemenge überdies aus unterschiedlichen und schlecht übereinstimmenden Teilen. Denn wie unser Vergil bezüglich Skylla sagte:

Zuvorderst die Anmut eines Menschen, von der Brust bist zum Schoß ein schönes Mädchen,
zuhinterst ein Meerungeheuer mit entsetzlichem Körper, bei dem sich Delphinschwänze mit dem Leib von Seebarschen vereinigten.

Einer solchen Skylla sind doch wenigstens wilde Tiere zugefügt, erstaunliche, geschwinde; aber aus welchen Phantastereien haben diese da ihre Weisheit zusammengestellt?

(10) Der vorzüglichste Teil des Menschen ist gerade die Tugend; ihm wird ein verderblicher und erschlaffender menschlicher Körper anvertraut, nur geeignet, um Speisen aufzunehmen, wie Poseidonios sagt. Jene göttliche Tugend nimmt auf schlüpfrigem Boden ihr Ende und ihren vortrefflicheren, ehrwürdigen und göttergleichen Teilen wird ein müßiges und träges Geschöpf angefügt. Die eine der beiden erwähnten, die Zurückgezogenheit, hat allenfalls dem Geist selbst zwar nichts zur Verfügung gestellt, aber Hindernisse beseitigt: die Sinneslust hat ihn obendrein entkräftet und alle Kraft geschwächt. Wie beschaffen wird sich eine zueinander so unverträgliche Verbindung von Körpern zeigen? Einer äußerst tüchtigen Sache wird möglichst Untüchtiges hinzugefügt, einer äußerst strengen die wenig ernsten Dinge, einer äußerst reinen das Maßlose bis hin zur Unzucht.

(11) 'Quid ergo?', inquit, 'si virtutem nihil inpeditura sit bona valetudo et quies et dolorum vacatio, non petes illas?' Quidni petam? Non quia bona sunt, sed quia secundum naturam sunt, et quia bono a me iudicio sumentur. Quid erit tunc in illis bonum? Hoc unum, bene eligi. Nam cum vestem qualem decet sumo, cum ambulo ut oportet, cum ceno quemadmodum debeo, non cena aut ambulatio aut vestis bona sunt, sed meum in iis propositum servantis in quaque re rationi convenientem modum.

(12) Etiamnunc adiciam: mundae vestis electio adpetenda est homini; natura enim homo mundum et elegans animal est. Itaque non est bonum per se munda vestis sed mundae vestis electio, quia non in re bonum est sed in electione quali; actiones nostrae honestae sunt, non ipsa quae aguntur.

(13) Quod de veste dixi, idem me dicere de corpore existima. Nam hoc quoque natura ut quandam vestem animo circumdedit; velamentum eius est. Quis autem umquam vestimenta aestimavit arcula? Nec bonum nec malum vagina gladium facit. Ergo de corpore quoque idem tibi respondeo: sumpturum quidem me, si detur electio, et sanitatem et vires, bonum autem futurum iudicium de illis meum, non ipsa.

(11) „Was nun", mag man fragen", wenn eine gute Gesundheit, [und] Ruhe und Schmerzfreiheit die Tugend gar nicht behindern werden, wirst du sie [dann] nicht anstreben?" Warum sollte ich sie nicht anstreben? [Aber] nicht weil sie Güter sind, sondern weil sie sich in Übereinstimmung mit der Natur befinden und weil sie aufgrund einer sittlich einwandfreien Entscheidung von mir ausgesucht werden. Was wird an ihnen dann ein Gut sein? Allein dieses, tugendgemäß ausgewählt zu werden. Denn wenn ich ein Kleidungsstück anziehe, wie es sich gehört, wenn ich spazieren gehe, wie es notwendig ist, wenn ich speise, wie ich soll, sind nicht das Essen oder der Spaziergang oder das Kleidungsstück die Güter, sondern mein Vorsatz, der in diesen Dingen fortwährend ein mit der Vernunft übereinstimmendes Maß beachtet.

(12) Ich möchte außerdem hinzufügen: der Mensch muss eine Neigung zur Wahl des sauberen Kleidungsstücks besitzen; der Mensch ist nämlich von Natur aus ein reinliches und wählerisches Geschöpf. Daher ist das saubere Kleidungsstück nicht an sich ein Gut, sondern die Auswahl des sauberen Kleidungsstücks, weil das Gut nicht in der Sache liegt, sondern in der entsprechenden Auswahl; unsere Handlungen sind tugendhaft, nicht der Gegenstand der Handlung an sich.

(13) Was ich über die Kleidung sagte, denk dir zugleich als das, was ich über den Körper sage. Mit ihm hat die Natur den Geist nämlich wie mit einem Gewand umschlossen; er ist dessen Hülle. Wer jedoch hat jemals die Kleidung nach der Truhe beurteilt? Die Scheide macht das Schwert weder gut noch schlecht. Also antworte ich dir dasselbe auch über den Körper: dass, wenn die Wahl gestattet sei, ich mir sicherlich sowohl Gesundheit als auch Stärke aussuchen werde, dass das Gut allerdings mein Urteil über diese Dinge sein wird, nicht sie selbst.

(14) 'Est quidem', inquit, 'sapiens beatus; summum tamen illud bonum non consequitur nisi illi et naturalia instrumenta respondeant. Ita miser quidem esse qui virtutem habet non potest, beatissimus autem non est qui naturalibus bonis destituitur, ut valetudine, ut membrorum integritate.'

(15) Quod incredibilius videtur, id concedis, aliquem in maximis et continuis doloribus non esse miserum, esse etiam beatum: quod levius est negas, beatissimum esse. Atqui si potest virtus efficere ne miser aliquis sit, facilius efficiet ut beatissimus sit; minus enim intervalli a beato ad beatissimum restat quam a misero ad beatum. An quae res tantum valet ut ereptum calamitatibus inter beatos locet non potest adicere quod superest, ut beatissimum faciat? In summo deficit clivo?

(16) Commoda sunt in vita et incommoda, utraque extra nos. Si non est miser vir bonus quamvis omnibus prematur incommodis, quomodo non est beatissimus si aliquibus commodis deficitur? Nam quemadmodum incommodorum onere usque ad miserum non deprimitur, sic commodorum inopia non deducitur a beatissimo, sed tam sine commodis beatissimus est quam non est sub incommodis miser; aut potest illi eripi bonum suum, si potest minui.

(14) „Gewiss", heißt es, „ist der Weise glücklich; dennoch erreicht er dieses höchste Gut nur, wenn auch das angeborene Rüstzeug ihm gemäß ist. Demnach kann derjenige, der die sittliche Vollkommenheit besitzt, nicht unglücklich sein – aber derjenige, der seiner natürlichen Güter, wie Gesundheit, wie die Unversehrtheit des Körpers, beraubt wird, ist nicht ganz und gar glücklich."

(15) Was weniger glaubwürdig erscheint, das erkennst du an: dass irgendjemand unter größten und andauernden Schmerzen nicht unglücklich ist, dass er sogar glücklich ist: was leichter [zu glauben] ist, bestreitest du – dass er absolut glücklich ist. Wenn nun aber die sittliche Vollkommenheit bewirken kann, dass irgendjemand nicht unglücklich ist, wird sie leichter bewirken, dass er absolut glücklich ist. Von glücklich zu absolut glücklich verbleibt nämlich ein kleinerer Abstand als von unglücklich zu glücklich. Oder kann das, was eine so große Macht besitzt, dass es, den Unglücksfällen entronnen, unter den Glücklichen Platz nehmen lässt, nicht hinzufügen, was [noch] übrig bleibt, um absolut glücklich zu machen? Auf der obersten Anhöhe verliert es seine Kräfte?

(16) Im Leben gibt es Annehmlichkeiten und Unannehmlichkeiten, beide [sind] für uns Außenwelt. Wenn ein tugendhafter Mann nicht unglücklich ist, obwohl er von allen [möglichen] Unannehmlichkeiten bedrängt wird, wie sollte er nicht absolut glücklich sein, wenn diese oder jene Annehmlichkeiten ausbleiben? Denn so wie er nicht in einem fort durch die Last der Unannehmlichkeiten ins Elend getrieben wird, so wird er durch einen Mangel an Annehmlichkeiten nicht vom absoluten Glück abgebracht, sondern er ist ohne die Annehmlichkeiten in dem Maße absolut glücklich, wie er nach Unannehmlichkeiten nicht unglücklich ist; oder aber sein Gut kann ihm entrissen werden, sofern man es nur vermindert.

(17) Paulo ante dicebam igniculum nihil conferre lumini solis; claritate enim eius quidquid sine illo luceret absconditur. 'Sed quaedam', inquit, 'soli quoque opstant.' At sol integer est etiam inter opposita, et quamvis aliquid interiacet quod nos prohibeat eius aspectu, in opere est, cursu suo fertur; quotiens inter nubila eluxit, non est sereno minor, ne tardior quidem, quoniam multum interest utrum aliquid obstet tantum an inpediat.

(18) Eodem modo virtuti opposita nihil detrahunt: non est minor, sed minus fulget. Nobis forsitan non aeque apparet ac nitet, sibi eadem est et more solis obscuri in occulto vim suam exercet. Hoc itaque adversus virtutem possunt calamitates et damna et iniuriae quod adversus solem potest nebula.

(19) Invenitur qui dicat sapientem corpore parum prospero usum nec miserum esse nec beatum. Hic quoque fallitur; exaequat enim fortuita virtutibus et tantundem tribuit honestis quantum honestate carentibus. Quid autem foedius, quid indignius quam comparari veneranda contemptis? Veneranda enim sunt iustitia, pietas, fides, fortitudo, prudentia: e contrario vilia sunt quae saepe contingunt pleniora vilissimis, crus solidum et lacertus et dentes et horum sanitas firmitasque.

(17) Ich sagte ein wenig zuvor, dass ein Funke nichts zum leuchtenden Licht der Sonne beiträgt; aufgrund ihrer Helligkeit wird nämlich alles, was unabhängig von ihr leuchten würde, unsichtbar gemacht. „Manche Dinge jedoch", sagt man, „stehen auch der Sonne im Weg." Aber das Sonnenlicht bleibt unvermindert, selbst wenn ihm etwas entgegensteht, und mag auch manches dazwischen liegen, was uns ihren Anblick verwehrt, ist sie [doch] am Werk, wird sie weiter ihre Bahn ziehen; sooft sie zwischen den Wolken hervorleuchtet, ist sie nicht schwächer als bei heiterem Himmel, nicht einmal langsamer, da es ja ein großer Unterschied ist, ob etwas bloß behindert oder aufhält.

(18) Das, was der sittlichen Vollkommenheit entgegensteht, entzieht ihr ebenso nichts: sie wird nicht vermindert, sondern sie strahlt [nur] weniger. Uns erscheint und glänzt sie vielleicht nicht in gleicher Weise, sich selbst bleibt sie [aber] dieselbe und wie die verdunkelte Sonne übt sie ihre Kraft im Verborgenen aus. Unglücksfälle, [und] Niederlagen und Ungerechtigkeiten vermögen deshalb dies gegen diese sittliche Vollkommenheit, was ein Nebel gegen die Sonne vermag.

(19) Es zeigt sich, sagt vielleicht irgendeiner, dass ein Weiser, der körperlich wenig günstig ausgestattet ist, weder unglücklich noch glücklich ist. Auch dieser irrt sich; er vergleicht nämlich zufällige Ereignisse mit Tugenden und gesteht sittlich guten Dingen ebenso viel zu wie denen, die keine sittliche Würde besitzen. Was aber ist schmählicher, was empörender, als dass Verächtliches mit dem Ehrwürdigen verglichen wird? Denn Gerechtigkeit, Pflichtbewusstsein, Treue, Tapferkeit und Klugheit sind ehrwürdige Dinge: wertlos sind die von gegenteiliger Art, die sich oft allzu reichlich bei den Verächtlichsten einstellen: stark das Bein und der Arm und die Zähne und auch deren Gesundheit und Dauerhaftigkeit.

(20) Deinde si sapiens cui corpus molestum est nec miser habebitur nec beatus, sed <in> medio relinquetur, vita quoque eius nec adpetenda erit nec fugienda. Quid autem tam absurdum quam sapientis vitam adpetendam non esse? Aut quid tam extra fidem quam esse aliquam vitam nec adpetendam nec fugiendam? Deinde si damna corporis miserum non faciunt, beatum esse patiuntur; nam quibus potentia non est in peiorem transferendi statum, ne interpellandi quidem optimum.

(21) 'Frigidum', inquit, 'aliquid et calidum novimus, inter utrumque tepidum est; sic aliquis beatus est, aliquis miser, aliquis nec beatus nec miser.' Volo hanc contra nos positam imaginem excutere. Si tepido illi plus frigidi ingessero, fiet frigidum; si plus calidi adfudero, fiet novissime calidum. At huic nec misero nec beato quantumcumque ad miserias adiecero, miser non erit, quemadmodum dicitis; ergo imago ista dissimilis est.

(22) Deinde trado tibi hominem nec miserum nec beatum. Huic adicio caecitatem: non fit miser; adicio debilitatem: non fit miser; adicio dolores continuos et graves: miser non fit. Quem tam multa mala in miseram vitam non transferunt ne ex beata quidem educunt.

(20) Wenn alsdann der Weise, dem der Körper eine Last ist, weder für unglücklich noch für glücklich gehalten wird, sondern man es unentschieden lässt, wird auch sein Leben weder angestrebt noch abgelehnt werden müssen. Was jedoch ist in einem Maße ohne Sinn und Verstand wie [die Behauptung], dass das Leben eines Weisen nicht angestrebt werden muss? Oder was so weit außerhalb [jeder] Glaubwürdigkeit wie, dass irgendeine Lebensweise existiert, die weder angestrebt noch abgelehnt werden muss? Wenn ferner die Gebrechen des Körpers nicht unglücklich machen, werden sie es zulassen, glücklich zu sein; denn was nicht die Macht besitzt, in einen schlechteren Zustand zu versetzen, besitzt gewiss auch nicht die Macht, den besten zeitweilig aufzuheben.

(21) „Wir wissen", heißt es, „dass manches kalt und manches heiß ist; zwischen beiden liegt das Lauwarme; ebenso ist einer glücklich, einer unglücklich, einer weder glücklich noch unglücklich." Ich will dieses gegen uns aufgestellte Gleichnis prüfen. Wenn ich dem erwähnten Lauwarmen einen größeren Teil Kaltes hinzufüge, wird es kalt; wenn ich mehr Heißes hineinschütte, wird es schließlich heiß. Aber wie viel Unglückliches ich auch immer demjenigen zufüge, der weder unglücklich noch glücklich ist, er wird, wie ihr behauptet, nicht unglücklich sein; folglich ist dieses Gleichnis unpassend.

(22) Ich führe dir sodann einen Mann an, der weder unglücklich noch glücklich ist. Ich füge ihm Blindheit zu: er wird nicht unglücklich; ich füge Gebrechlichkeit hinzu: er wird nicht unglücklich, ich füge ununterbrochene und starke Schmerzen hinzu: er wird nicht unglücklich. Wen so viele Übel nicht in ein elendes Leben versetzen, den führen sie auch nicht aus einem glücklichen heraus.

(23) Si non potest, ut dicitis, sapiens ex beato in miserum decidere, non potest in non beatum. Quare enim qui labi coepit alicubi subsistat? Quae res illum non patitur ad imum devolvi retinet in summo. Quidni non possit beata vita rescindi? Ne remitti quidem potest, et ideo virtus ad illam per se ipsa satis est.

(24) 'Quid ergo?', inquit, 'sapiens non est beatior qui diutius vixit, quem nullus avocavit dolor, quam ille qui cum mala fortuna semper luctatus est?' Responde mihi: numquid et melior est et honestior? Si haec non sunt, ne beatior quidem est. Rectius vivat oportet ut beatius vivat: si rectius non potest, ne beatius quidem. Non intenditur virtus, ergo ne beata quidem vita, quae ex virtute est. Virtus enim tantum bonum est ut istas accessiones minutas non sentiat, brevitatem aevi et dolorem et corporum varias offensiones; nam voluptas non est digna ad quam respiciat.

(25) Quid est in virtute praecipuum? Futuro non indigere nec dies suos conputare. In quantulo libet tempore bona aeterna consummat. Incredibilia nobis haec videntur et supra humanam naturam excurrentia; maiestatem enim eius ex nostra inbecillitate metimur et vitiis nostris nomen virtutis inponimus. Quid porro? Non aeque incredibile videtur aliquem in summis cruciatibus positum dicere: 'Beatus sum?' Atqui haec vox in ipsa officina voluptatis audita est. 'Beatissimum', inquit, 'hunc et ultimum diem ago', Epicurus, cum illum hinc urinae difficultas torqueret, hinc insanabilis exulcerati dolor ventris.

(23) Wenn der Weise, wie ihr behauptet, vom Glücklichen nicht ins Unglückliche verfallen kann, kann er es auch nicht ins Nicht-Glückliche. Wie kann denn einer, der ins Straucheln geraten ist, [wieder] zum Stehen kommen? Dieselbe Ursache, die ihn nicht zum Untersten hinabstürzen lässt, hält ihn in der Höhe fest. Wie sollte ein glückliches Leben zerstört werden können? Es kann nicht einmal gemindert werden, und daher ist die Sittlichkeit schon an und für sich ausreichend für [ein glückliches Leben].

(24) „Was jetzt", wird gefragt, „ist ein Weiser, der länger gelebt, den kein Schmerz abgelenkt hat, nicht glücklicher, als derjenige, der beständig mit dem Unglück gerungen hat?" Antworte mir: ist er denn sittlich besser und ehrenwerter? Wenn das nicht der Fall ist, ist er auch nicht glücklicher. Um glücklicher zu leben, ist es nötig, tugendhafter zu leben: wenn er nicht tugendhafter [leben] kann, ist er auch nicht glücklicher. Die sittliche Vollkommenheit wird nicht gesteigert, also auch nicht das glückliche Leben, das auf der sittlichen Vollkommenheit beruht. Die sittliche Vollkommenheit ist nämlich ein so großes Gut, dass sie diese bedeutungslosen Erscheinungen nicht wahrnimmt: eine kurze Lebenszeit, [und] den Kummer und die vielfältigen körperlichen Unpässlichkeiten; freilich, die Sinneslust verdient es nicht, dass man sie berücksichtigt.

(25) Was ist besonders an der sittlichen Vollkommenheit? Dass sie keiner Zukunft bedarf und ihre Tage nicht zählt. In wie kurzer Zeit bildet sie ihre ewigen Güter voll und ganz aus! Dies erscheint uns unglaublich und über die menschliche Natur hinausgehend; denn wir bemessen ihre Erhabenheit aus unserer Schwäche heraus und unseren Verfehlungen geben wir den Namen der Tugend. Und was weiter? Scheint es nicht ebenso unglaublich, dass einer, der größten Martern ausgesetzt ist, sagt: „Ich bin glücklich?" Und doch ist dieser Ausspruch gerade in der Schule der sinnlichen Freuden vernommen worden. „Den glücklichsten und letzten Tag verlebe ich heute", sagte Epikur, als ihn hier die Harnwegsbeschwerden quälten, dort die tödliche Pein eines schwärenden Unterleibs.

(26) Quare ergo incredibilia ista sint apud eos qui virtutem colunt, cum apud eos quoque reperiantur apud quos voluptas imperavit? Hi quoque degeneres et humillimae mentis aiunt in summis doloribus, in summis calamitatibus sapientem nec miserum futurum nec beatum. Atqui hoc quoque incredibile est, immo incredibilius; non video enim quomodo non in imum agatur e fastigio suo deiecta virtus. Aut beatum praestare debet aut, si ab hoc depulsa est, non prohibebit fieri miserum. Stans non potest mitti: aut vincatur oportet aut vincat.

(27) 'Dis', inquit, 'inmortalibus solis et virtus et beata vita contigit, nobis umbra quaedam illorum bonorum et similitudo; accedimus ad illa, non pervenimus.' Ratio vero dis hominibusque communis est: haec in illis consummata est, in nobis consummabilis.

(28) Sed ad desperationem nos vitia nostra perducunt. Nam ille alter secundus est ut aliquis parum constans ad custodienda optima, cuius iudicium labat etiamnunc et incertum est. Desideret oculorum atque aurium sensum, bonam valetudinem et non foedum aspectum corporis et habitu manente suo aetatis praeterea longius spatium.

(26) Weshalb also sollte solcherlei bei denen erstaunlich sein, die die Tugend hochhalten, wenn es sich auch bei denjenigen findet, bei denen die Sinneslust herrschte? Auch diese Unwürdigen und Denkschwachen behaupten, dass unter größten Schmerzen, im höchsten Unglück der Weise weder unglücklich noch glücklich sein wird. Das ist aber doch auch unglaublich, ja sogar unglaublicher; ich verstehe nämlich nicht, wie die sittliche Vollkommenheit, von ihrem Gipfel herabgeschleudert, nicht in die Tiefe gerissen werden sollte. Sie muss entweder Glückseligkeit gewähren oder sie wird, wenn sie davon abgehalten wird, nicht davor schützen, unglücklich zu werden. Solange sie unerschütterlich steht, kann sie nicht gestürzt werden: entweder muss man besiegt werden oder man siegt.

(27) „Allein den unsterblichen Göttern", so heißt es, „ist sowohl sittliche Vollkommenheit als auch ein glückliches Leben zuteil geworden, uns gewissermaßen ein Schatten und eine Nachbildung jener Güter; wir kommen ihnen nahe, erreichen sie [jedoch] nicht." Die Vernunft jedoch ist Göttern und Menschen gemeinsam: bei ihnen ist sie vollkommen, bei uns zur Vollendung fähig.

(28) Aber unsere Verfehlungen bringen uns zur Verzweiflung. Denn jener andere ist, als einer, der zur Bewahrung der höchsten Dinge nicht standhaft genug ist, dessen Urteilsfähigkeit noch immer unzuverlässig und schwankend ist, [ein Weiser] zweiten Ranges. Er mag sich Sehkraft und Gehörsinn wünschen, eine vortreffliche Gesundheit, [und] keine abstoßenden Körpermerkmale und fernerhin, in der gewohnt bleibenden Verfassung, eine längere Lebenszeit.

(29) Per haec potest non paenitenda agi vita, at inperfecto viro huic malitiae vis quaedam inest, quia animum habet mobilem ad prava, illa ~animi ardens malitia et exagitata~ abest [de bono]. Non est adhuc bonus, sed in bonum fingitur; cuicumque autem deest aliquid ad bonum, malus est.

(30) Sed

si cui virtus animusque in corpore praesens,

hic deos aequat, illo tendit originis suae memor. Nemo inprobe eo conatur ascendere unde descenderat. Quid est autem cur non existimes in eo divini aliquid existere qui dei pars est? Totum hoc quo continemur et unum est et deus; et socii sumus eius et membra. Capax est noster animus, perfertur illo si vitia non deprimant. Quemadmodum corporum nostrorum habitus erigitur et spectat in caelum, ita animus, cui in quantum vult licet porrigi, in hoc a natura rerum formatus est, ut paria dis vellet; et si utatur suis viribus ac se in spatium suum extendat, non aliena via ad summa nititur.

(29) Auf diese Weise kann ein Leben geführt werden, dass man nicht bereuen muss; aber dem unvollkommenen Mann haftet doch der Einfluss einer schlechten Denk- und Handlungsweise an, weil er einen zum Bösen veränderlichen Geist besitzt, [jene Schlechtigkeit des Geistes und das, was Unruhe hervorruft, ist aber wegen der guten Prinzipien nicht vorhanden]. Er ist sittlich noch nicht gut, aber er wird zum sittlich Guten ausgebildet; jeder aber, dem zum sittlich Guten etwas fehlt, ist unzuverlässig.

(30) Aber

wenn bei jemandem Tugend und Charakter im Wesen angelegt sind,

kommt er den Göttern gleich, zu ihnen strebt er, sich seines Ursprungs erinnernd. Niemand ist unredlich, der versucht dorthin emporzusteigen, von wo er herabgekommen ist. Was ist es aber, warum du nicht glaubst, dass etwas Göttliches in demjenigen sich zeigt, der ein Teil Gottes ist? Diese Welt, die uns rings umgibt, ist sowohl Eins als auch Gott; und wir sind dessen Gefährten und Glieder. Unser Geist ist empfänglich, er wird sich dort hinbegeben, wenn Verfehlungen ihn nicht niederhalten. Wie die Haltung unseres Körpers aufrecht ist und sich zum Himmel richtet, so ist der Geist, dem es erlaubt ist, sich auszudehnen so weit er will, von der Natur dazu angeleitet, dass er den Göttern gleich sein will; und falls er sich seiner Kräfte bedient und sich in dem ihm bestimmten Umfang entfaltet, steigt er auf geeignetem Wege zum höchsten Gipfel empor.

(31) Magnus erat labor ire in caelum: redit. Cum hoc iter nactus est, vadit audaciter contemptor omnium nec ad pecuniam respicit aurumque et argentum, illis in quibus iacuere tenebris dignissima, non ab hoc aestimat splendore quo inperitorum verberant oculos, sed a vetere caeno ex quo illa secrevit cupiditas nostra et effodit. Scit, inquam, aliubi positas esse divitias quam quo congeruntur; animum impleri debere, non arcam.

(32) Hunc inponere dominio rerum omnium licet, hunc in possessionem rerum naturae inducere, ut sua orientis occidentisque terminis finiat, deorumque ritu cuncta possideat, cum opibus suis divites superne despiciat, quorum nemo tam suo laetus est quam tristis alieno.

(33) Cum se in hanc sublimitatem tulit, corporis quoque ut oneris necessarii non amator sed procurator est, nec se illi cui inpositus est subicit. Nemo liber est qui corpori servit; nam ut alios dominos quos nimia pro illo sollicitudo invenit transeas, ipsius morosum imperium delicatumque est.

(31) Es wäre ein bedeutendes Werk, in den Himmel zu gelangen: man kehrt zurück. Wenn er unseren Weg gefunden hat, geht der Verächter aller Dinge mutig los und denkt nicht ans Geld, beurteilt Gold und Silber, – jenem finsteren Orte, an dem sie gelegen haben, höchst angemessen – nicht nach seinem Glanz, mit dem es die Augen der Unvorbereiteten blendet, sondern nach dem alten Schmutz, aus dem unsere Begierde es abgesondert und ausgegraben hat. Er weiß, ich wiederhole es, dass der Reichtum anderswo gelegen ist als [dort,] wo er aufgehäuft wird; dass der Geist angefüllt werden muss, nicht der Geldkasten.

(32) Diesem darf man die Herrschaft über alle Dinge auferlegen, diesen an den Besitz der Natur heranführen, so dass er in den Grenzen von Ost und West das Seine bestimmt und alles nach Art der Götter in Besitz hält, dass er von oben auf die Reichen mit ihrem Vermögen herabblickt, von denen niemand so froh über das eigene Hab und Gut ist wie verdrießlich über fremdes.

(33) Wenn er sich in diese Höhe geführt hat, ist er, wie bei einer notwendigen Bürde, auch nicht ein Freund des Körpers, sondern sein Verwalter, und er unterwirft sich nicht einem, dem er vorgesetzt wurde. Niemand ist frei, der seinem Körper dient; denn selbst wenn man die anderen Herren beiseite lässt, die er sich aufgrund jener übertriebenen Sorge verschafft hat, ist seine Herrschaft selbst schon launisch und verweichlicht.

(34) Ab hoc modo aequo animo exit, modo magno prosilit, nec quis deinde relicti eius futurus sit exitus quaerit; sed ut ex barba capilloque tonsa neglegimus, ita ille divinus animus egressurus hominem, quo receptaculum suum conferatur, ignis illud ~excidat~ an terra contegat an ferae distrahant, non magis ad se iudicat pertinere quam secundas ad editum infantem. Utrum proiectum aves differant an consumatur

canibus data praeda marinis,

quid ad illum qui nullus <est>?

(35) Sed tunc quoque cum inter homines est, <non> timet ullas post mortem minas eorum quibus usque ad mortem timeri parum est. 'Non conterret', inquit, 'me nec uncus nec proiecti ad contumeliam cadaveris laceratio foeda visuris. Neminem de supremo officio rogo, nulli reliquias meas commendo. Ne quis insepultus esset rerum natura prospexit: quem saevitia proiecerit dies condet.' Diserte Maecenas ait,

nec tumulum curo: sepelit natura relictos.

Alte cinctum putes dixisse; habuit enim ingenium et grande et virile, nisi illud secunda discinxissent. Vale.

---

(34) Gerade eben trennt er sich von ihm mit Gleichmut, bald darauf stürzt er mit großer Leidenschaft aus ihm heraus, und er fragt nicht, was dann am Ende mit seinem übrig gebliebenen Rest geschehen wird; sondern wie wir uns nicht um das kümmern, was vom Bart und Haar abgeschnitten wurde, so glaubt jener göttliche Geist, der den Menschen verlassen wird, dass [egal] wozu sein Behältnis verwendet wird, ob Feuer es zerstört oder Erde es bedeckt oder wilde Tiere es auseinanderreißen, es ebenso wenig zu ihm gehört wie die Nachgeburt zu einem neugeborenen Kind. Ob Vögel das Aufgegebene zerstreuen oder es verzehrt wird,

den Hunden des Meeres als Beute überlassen,

was bedeutet es für einen, der dahin ist?

(35) Aber auch dann, wenn er sich inmitten der Menschen aufhält, fürchtet er für [die Zeit] nach dem Tod keine Drohungen derer, denen es nicht genug ist, immerfort bis zum Tode gefürchtet zu werden. „Weder schreckt mich der Haken", sagt er, „noch das Zerfetzen einer zur Misshandlung preisgegebenen Leiche – grässlich für diejenigen, die zuschauen wollen. Ich bitte niemanden um den letzten Dienst, ich vertraue keinem meine Überreste an. Die Natur hat dafür gesorgt, dass niemand ohne Begräbnis bleibt: die Zeit bestattet, wen die Grausamkeit verschmähte." Klar und deutlich sagt es Maecenas:

„*Auch lasse ich kein Grabmal herrichten: die Natur bestattet, was übrig bleibt.*"

Man könnte vermuten, dass [so] einer gesprochen habe, der sich gerüstet hat; er besaß tatsächlich einen starken und mannhaften Charakter, wenn glückliche Umstände ihn [nur] nicht verweichlicht hätten. Lebe wohl.

———